死ぬ気で働くリーダーにだけ人はついてくる

早川 勝

かんき出版

まえがき

あなたは、次のような葛藤に日々思い悩み、苦しんでいるのではないだろうか。

「待望の管理職になったものの、目先の成果に追われる一方で、チームを活性化させるような未来像を示せていない。勝ち組のカルチャーを浸透させることもできず、リーダーとして己《おのれ》の未熟さに苛立ちを感じている」

「一《いち》プレーヤーとしては合格レベルであると胸を張れるが、〝人の上に立つタイプ〟とは思えない。『部下を育てること』に責任と重圧を感じ、日々のルーチンワークに逃げ込んでいる」

「部下からの反発や軋轢《あつれき》を恐れ、踏み込んだ指導ができない。任せたい仕事も任せられない。部下たちは自発的に動いてくれるわけでもなく、やらされ感が蔓延している」

私には、あなたの苦悩が痛いほど理解できる。なぜなら、あなたと同じように部下との距離感に戸惑いながら、悩み多き境遇で働いてきたからだ。

そんな私がマネジメントの袋小路から脱出するきっかけになったのは、リーダーと

して「死ぬ気で働く」ことだった。

死ぬ気で働くことについては、前作『死ぬ気で働いたあとの世界を君は見たくないか!?』（小社刊）の中でも触れた。

ハードワークを推奨しているかのような言葉に、始めはためらいや抵抗を感じる人もいたようだ。しかし、**「後悔しない働き方と生き方」の素晴らしさ**に、多くの人の共感を得ることができた。

険しい山道を一歩一歩駆け上がっていくと、目の前に「新たな視界」が少しずつ広がっていく。同時に、着実な成長を全身で感じとれるのだ。

生保営業のキャリア6年目に入った32歳のとき、ケタ外れの実績を叩き出し続けた私はリーダー職に任命された。希望を胸にリーダーの道にチャレンジすることになるのだが、思い返せば、〝過信〟が服を着たような、どこかリーダーという仕事を舐めているところがあったことは否めない。

リーダーとして完全に空回りしていたのだ。

「明るく楽しくチームを盛り上げてさえいれば、実績は伸びるだろう」と高をくくっていた。

部下の目の前にニンジンをぶら下げて尻を叩いていれば結果は出るだろうと信じ込んでいた。

部下の結果に対しては「自己責任」という放任主義を掲げ、都合よく指導・育成から逃げていた。

まさにその当時は、精一杯の背伸びをしてリーダーぶっていたが、今思えば「いつ化けの皮が剝がされるのか」と内心ビクビクしていたのだろう。

未熟さゆえに、心が折れそうになったことも、絶体絶命のピンチに立たされたことも、数え挙げたら切りがないほどだ。

だから私は、思うようなリーダーシップを発揮できていない人に接するたび、自らの体験がオーバーラップして、今でも身につまされてしまうのだ。


私が長年働いてきた生命保険業界の営業組織というのは、他業種のトップセールスマンたちがスカウトされて入社し、フルコミッションセールス（完全歩合給制）で数千万円の年収を得るというプロフェッショナルが集まる特殊な世界だ。

なかには単独で年収1億円以上を稼ぎ出す猛者もいるほどである。

海千山千の彼らの我がままぶりは並大抵ではない。しかも、頭も切れて優秀だ。中途半端なリーダーシップでは誰も言うことを聞かず、チームはバラバラでまとまらない。

新方針を打ち出しても、それが心の底から納得するものでない限り、「俺には俺のやり方がある」と主張する曲者たちは、誰も従ってくれない。

社内のトップである社長が支社へ表敬訪問に訪れ、チームメンバー全員へスピーチするという大事な日であろうとも、豪傑たちはお客様とのアポイントを優先させたいがために外出したきり戻ってこない。

「結果さえ出せば文句はないだろう」と言わんばかりの荒武者たちは、平日はゴルフ三昧、休暇も取り放題、直行直帰は当たり前など、出退勤も自由奔放だ。

いずれも、一般的なビジネスパーソンの組織では、まずあり得ないことだろう。

そのような我がままが横行し出すと、成果の出ていないチームメンバーまでも彼らの影響を受けてしまい、チームの舵取りが効かなくなる。よって、生産性はなかなか上がっていかない。

年上の部下も含めて、私はそんな強烈な個性を持つチームを率いていかねばならなかった。

チームメンバーとの距離を縮められない、チームの結束力を高められない、自分自身のマネジメント能力を思うように発揮できない、そんな三重苦のストレスで胃がキリキリしていた。

私は、プレーヤーとして活き活きと働いていたときのような現状突破の精神や積極性はどこかに置き忘れ、「うまくやろう」と無難なマネジメントに終始していたのだ。

あるとき私は、あえて目をそむけて見ないようにしていた大切なことに気づいた。

「一日一日をリーダーとして生き切れていない。毎日が後悔の繰り返しである」

ということに。

そんな自分にほとほと嫌気が差していた。悔しかった。そして、私は決心した。

「偽物のリーダーを演じることはやめよう。死ぬ気で働くリーダーになろう」

中途半端なマネジメントを捨てたのである。固い決意と共に私は行動を一変させた。

社内の誰よりもよく動き、率先垂範で働いた。

格好つけずに弱点をさらけ出した。

部下に迎合するのは止め、孤独にも耐えた。
一歩も二歩も踏み込んで部下を叱り、プライベートなことにすら口をはさんだ。
チームメンバーの不満や意見に心を傾け、スピードを上げて改革に着手した。
すべてのマニュアルを作り直し、部下のトレーニングに毎日のように励んだ。
リーダーとしての人格を上げるために、誰よりも多くのことを学び、インテグリティ（高潔さ）を磨く努力を怠らなかった。

するとどうだろう。私自身の行動が変わったことで、チームメンバーの行動も明らかに変わっていった。

私が日々〝死ぬ気で〟部下に関わっていくことで、チームメンバーは本気で私に応えてくれるようになったのだ。

これがリーダーとして苦境を何度も乗り越えてきた「死ぬ気で働く生き方」だ。

本音と本音のぶつかり合いは、ときに衝突も起こすが、問題が解決に向かうことも多かった。停滞していたチームに変化が生まれ、活性化していった。

そうして私のモチベーションが上がっていくと、それに反応するようにチームメンバーのモチベーションも上がっていく。
打つ手打つ手が決まりだし、ますます士気が高まっていくという好循環の流れの中で、私は指揮が取れるようになっていったのだ。

リーダーとして死ぬ気で働いたあとの世界には、心から望む成功が待っているのである。数々のタイトルを獲得するほどの活躍ができたのは、プレーヤーのときと同様に、**死ぬ気でリーダーの役割を果たしてきた**からだ。

思考と行動が変化したことにより、プレーヤーのときには見えなかった「新たな世界」に到達し、ついてきてくれた部下たちと共に感動を分かち合うことができた。

営業所長として、生保営業の猛者たちと死ぬ気で関わり合い、最大かつ高い生産性を誇る全国ナンバーワンの営業所をつくることができた。

後継者を数多く育てることにも成功し、新規に4つの営業所を分離設立することができた。

支社長として、どん底だった支社を年間表彰基準で全国断トツトップの支社に育て上げ、コンテストでは主要項目「10冠王」に輝くまでのチームに変えることができた。

その10冠王の項目というのは、目標達成率、換算保険料収入、契約件数、個人平均効率、ＭＤＲＴ（Million Dollar Round Tableの略、トップ〝６％〟の生保営業が集う世界的な組織）占有率、基準達成者占有率、在籍規模（採用数）、商品別売上、継続率。すべて全支社中トップとなった。

弱小だった支社は１００名の陣容を超え（うちＭＤＲＴ35名を輩出）、のちに３つの新しい支社を分離設立（うち営業所長19名、営業マン１６０名）するほどまでに組織を拡大することができた。

その後のステージにおいても、支社改革のミッション、ゼロからの組織立ち上げのミッションなど、いずれも海外コンベンションで表彰の常連になるまで成功を収めることができた。さらにそれらの実体験を活かし、大手生保の本社・統括部長としても、全国紙に掲載されるほどの〝歴史的大変革〟に取り組むことができた。

「死ぬ気で働くリーダー」として覚悟を決め、それを実行に移していくことさえできれば、あなたと部下はさらに限界を突破していく。

「目先の利益や評価に縛られることなく、部下に対して『正しい目標や計画』を示せるようになり、チームのビジョンを共有することができる」

「臆することなく部下との踏み込んだ対話ができるようになり、『育てること』から逃げずに直面できる」

「部下が本心から求めているマネジメントに応えられるようになり、チームメンバーが活き活きと自発的に働きはじめる」


真のリーダーになるには、天才的なマネジメント力や、小手先の人心掌握術など要らない。部下以上に汗をかき、部下以上に学べばいい。

「死ぬ気で働くリーダー」とは、「覚悟を決めたリーダー」と同義語だ。

成り行きで働いているリーダーは、真のリーダーには成り切れない。それでは、不完全燃焼のまま「後悔を繰り返す日々」で終わってしまう。


現場で奮闘しているリーダーたちへ向け、具体的にどうやって真のリーダーシップを発揮していけばいいのか、本書を通じて伝えたい。

リーダーとして「死ぬ気で働くこと」を実践できれば、後悔とは無縁のチームづくりが実現できる。そのために、本書を役立ててほしい。

早川　勝

目次

第1章 プレーヤーとして自分を磨く

01 人を育てる前に、自分自身を育てろ——24
「育てます」が口癖になっているリーダーは傲慢。
リーダーは部下と同じ成長曲線の上に乗れ。

02 現状維持を死ぬまで捨て続ける——30
安定という麻薬を打つな。
成長を止めた瞬間にチームは崩壊し始める。

03 新商品はリーダーが真っ先に売ってみせろ——35
リーダーは常にチームの先頭を突っ走れ。
後方待機はチームを潰す。

04
「向いていない」と思っている人こそ、リーダーにふさわしい——40
部下に対して「忠誠心」を持て。
リーダーは偉くなったら〝おしまい〟だ。

05
弱点をさらけ出してファンをつくれ——46
完璧なリーダーは嫌われる。
素顔を見せて距離を縮めれば、部下の本音が見えてくる。

06
常に自分自身のご機嫌をとれ——51
部下がリーダーの顔色を窺う環境は最悪だ。
喜怒哀楽を上手にコントロールしてこそ真のリーダー。

07
リーダーは孤独を楽しめ——56
迎合する仲良しリーダーは、やがて孤立し、失脚する。
孤独な時間には、心のスクリーンに部下の笑顔を映し出しておこう。

08
品格を磨くと「直観」が冴える——61
正しい人格が正しい選択を生む。
やること成すことがうまくいくリーダーを目指せ。

第2章

聞く・話す・巻き込む

09
部下の不満を聞き入れる度量と「説教できる愛」を持て —— 68
部下の意見を受け入れれば受け入れるほど、リーダーの器は大きくなる。

10
「それから、それから？」と部下の言葉に心を傾けろ —— 73
一方的にしゃべり過ぎず、「頑張ってるね」と認めてあげるだけでいい。

11
涙を流してスピーチする —— 78
感性を動かすリーダーになりたいなら、誰よりも真っ先に涙を流せ。

12
チームの課題を次のリーダー候補と相談しろ——84
後継者の育成を怠らず、密なコミュニケーションをとれ。共有することで部下は伸びる。

13
口癖を変えて、チームの未来を切り開け——88
言霊の力を甘く見るな。リーダーの口癖はチーム内に伝染する。

14
私生活にまで入り込み、部下の人生に関心を持つ——94
リーダーと部下との距離は近いほどいい。家族以上に時を過ごし、家族以上に興味を持て。

15
チームの流行語をつくる——99
心に響くキャッチコピーをチームに広めて、リーダーの方針を浸透させろ。

16
「おもてなし」の温かい心がチームの氷を溶かす——105
リーダーはチームのコンシェルジュであれ。先回りした気遣いや思いやりが人心を掌握する。

第3章

教える・任せる・育て上げる

17
部下の「仕事と人生」をイコールにさせる――112
師匠として教えを伝えろ。
部下のやる気を点火する本物のメンターであれ。

18
「自分マニュアル」を部下に潔く公開しろ――117
ナレッジ、スキル、マインドのすべてを伝播させれば、
それがチームの「美学」になる。

19
チームのたるんだ贅肉はトレーニングで絞り切れ――121
データに基づいた根拠ある指導法で課題を解決する。
口先だけの根性論では、スランプという脂肪は消費できない。

20
大事な仕事ほど部下に任せる勇気を持て——126

リーダー一人の力なんてたかが知れている。
任せれば任せるほど部下は伸びるし、リーダーも伸びる。

21
できると信じて任せるリーダーを、部下は信じる——132

「できないかも」と口が裂けても言ってはいけない。
リーダーが部下を信じて諦めなければ、部下も自分を信じて諦めない。

22
部下に「なぜ？」と原因を追及してはいけない——138

「なぜ？」という質問を、「どうする？」に変えて、
明るい未来のための創造力を掻き立てろ。

23
部下を責めているうちは、名将になれない——143

部下の失敗はすべてリーダーの責任。
「せい病」を根治させれば、V字回復できる。

24
リーダーの人格がチームの品格を育てる——148

自己研鑽をすれば、部下の数だけ星《スター》が輝く。
磨くことを怠れば、星クズになる。

第4章

褒める・叱る・信じ抜く

25
部下が「卒業」したのちも光り輝くよう、死ぬ気で磨き上げる——154
部下の退職を恐れる甘さがチームをダメにする。道場の師範として、拒絶を恐れず徹底的に叱れ。

26
失敗を褒めて、停滞を責めろ——161
失敗を恐れ、挑戦を忘れたリーダーは失脚する。積極性や主体性を育てれば、チームは繁栄する。

27
部下の「好きなところベスト100」を作成しろ——165
四六時中、部下の長所探しに集中せよ。粗探しをやめ、常に部下を観察し、伸ばし続ける。

28
半休は認めるな――170
情けは部下のためならず。
同情するのではなく、愛を持って非情になれ。

29
一日一善ズバッと叱れ――176
「尊敬されたい」という思いが部下を不幸にする。
指摘を先延ばしにすると、いずれ部下を嫌いになる。

30
皆が納得する客観的な成果で人事評価を判断しろ――182
部下の評価は「何をしたのか」でジャッジしろ。
決してイメージで評価してはいけない。

31
部下を疑ってあげることも思いやり――187
「うちの部下に限って……」と考えるのは、
事実を把握しようとしない無責任リーダー。

32
部下への批判は絶対に口外しない――192
改善指導と誹謗中傷を混同するな。
部下の人間性を批評することはルール違反。

第5章

最強のチームづくり

33
危機感を煽《あお》るだけのマネジメントはやめろ——200
ワクワクするビジョンにしか人はついてこない。
サバイバルなチームはいつか疲弊する。

34
「貢献」をチームの文化にする——204
仲間で支え合う一体感をつくれ。
行き過ぎた競争や上昇志向はチームの輪を乱す。

35
エキサイティングな空気をつくり出せ——209
朝礼からリーダー中心に暴れ回れ。
ワッショイワッショイと祭りの神輿をかつぐ。

36
飲み会を開いてもチームの士気は上がらない——214
その場限りの盛り上がりに騙されるな。
酔いから目を覚まし、シラフで指揮をとれ。

37
リーダーが風邪をひくとチームも風邪をひく——218
メンタルの免疫力を鍛える健康管理こそが、
チームの最重要課題と位置づけよ。

38
決断を部下に委ねるな——222
多数決や合議制はやめて独断で決めろ。
意思決定しないリーダーは無責任なだけ。

39
強い信念は、裏切り者を遠ざけ、協力者を引き寄せる——228
正義の名の下に、リーダーの意志を貫け。
怯《ひる》むリーダーに、本当の味方はついてきてくれない。

40
リーダーは変革の急先鋒であれ——234
悪しき風習や目先の評価は捨てろ。
戦い続ける覚悟と共に、チームの未来にその目を向けろ。

カバーデザイン　小口翔平（tobufune）
本文デザイン　小口翔平、平山みな美

第1章

プレーヤーとして自分を磨く

人を育てる前に、自分自身を育てろ

01

チームの成績が上がらない典型的なダメリーダーは、「まず自分を磨く」という本来なら最優先すべき努力を怠っている。

リーダーとして何らかの人事評価をされたうえで出世したのだろうから、たしかにある程度の実力はあるのかもしれない。

しかし、それらはすべて過去の功績だ。

たとえば、**単独プレーヤーの営業マンとしては活躍できたかもしれないが、だからといってリーダーとして成功するとは限らない。**

ましてや、年功序列で手に入れたローテーション課長、上役の顔色を窺《うかが》いながら社内営業に尽くしてきたイエスマン次長、たまたま続いた幸運によって出世したナンチャッテ部長など、ニセモノリーダーたちがマネジメントで苦労する話は枚挙にいとまがない。

部下からは「いい人なんだけどねぇ……」と、尊敬されるどころかむしろ見下されている。自分のことは棚に上げて上司の欠点をよく観察し、常に厳しい評価をしているのが部下というものだ。

陰ではすっかり〝上司失格〟の烙印を押しながら、それでいて本音を隠しつつ上辺だけの忠誠を装っている。

こういった現実が大半であるのに、チームの業績が上がらないのはリーダーである自分のせいではなく、**「部下が思うように働いてくれないから」と思い込んでいるのだから、当然、自分自身を改善するなどという発想が湧いてくるはずもない。**ダメリーダーはひたすら上役と部下との板挟みに悩み続けることになるのだ。

そんなレベルのリーダーが、組織を改善する対策として真っ先に掲げるのが「部下の育成」なのだから、笑えない。

師匠であるはずのリーダーのナレッジが未熟だから、弟子であるはずの部下たちのナレッジも向上しないのだ。師匠であるはずのリーダーにスキルがないから、弟子であるはずの部下たちのスキルも磨かれないのだ。師匠であるはずのリーダーのモチベーションが低いから、弟子であるはずの部下たちの士気も上がらないのだ。

部下はいつもリーダーを観察し、影響を受けている。綺麗好きでデスクが整理整頓されているリーダーのチームは、メンバーの身の回りも几帳面に整えられていて、チーム内にはコンプライアンスなどの問題も起こりにくい。

毎日のように早起きで出社も一番というリーダーのチームは、メンバーも朝早くから仕事を始めている。リーダーにうるさく言われて始動しているわけではなく、観察している部下が影響を受けた結果だ。

リーダーにとってチームとは、自分を映し出す「鏡」である。人生におけるすべての人間関係が、自分自身を映し出す鏡であるように、まさにチームというのはリーダー自身をそのまま投影している。

いくら「育成、育成」と叫び、部下を育てようと思っても、リーダー自身の自分をを磨く姿勢が部下に見えなければ、彼らが育つはずがない。

だからこそ、「部下の不出来を嘆き批判する言動」は、自分自身に対してそのまま「否定のメッセージ」を投げかけていることと同じであるという自覚が必要だ。

その確かな気づきこそが、組織改革の第一歩になる。

「育てます」が口癖になっているリーダーは傲慢だ。

リーダーは部下と同じ成長曲線の上に乗らなければならない。一緒に手に手を取って育っていくのである。

互いの立場には上も下もないのだから、管理しようなどと思うのは傲り以外の何物でもない。リーダーは、「部下を育てた」とは口が裂けても言ってはいけない。あなたが「部下を育てた」のではなく、あなたが「部下に育てられた」のだ。

だからまずは、リーダーである自分が変わることが必要不可欠だ。「人を育てる前に、自分自身を育てろ」と言いたい。

私は、厳しいことで有名な生保のフルコミッションセールス（完全歩合給制）の世界で、20年近く支社長や営業所長を務めてきた。その経験の中で、成功するリーダーと失敗するリーダーを数多く見てきた。

部下と共に成長しているリーダーは、部下との信頼の厚さに比例するように昇給・昇格していくが、上から目線で部下と距離を置いているリーダーは孤立し、やがて挫折していく運命にあった。

生保業界のリーダーたちの多くは、「結果＝収入」としてシビアに評価される。したがって、業績の上がらないリーダーは淘汰されていく。経営者もまた同じだ。

ところが、フルコミッションではない一般のビジネスパーソンの世界では、リーダーが人間力を磨く努力を怠っていても、通用してしまうこともある。

ただし、それは一時的なことで、やがて化けの皮が剥がれてくる。


もっと「死ぬ気で」働くことだ。とことん働いて自分を鍛え上げ、進化する自分の動きを止めないこと、それこそがチームを成長させる近道なのだ。


リストラ、降格、左遷など、「挫折」を味わう前に気づいてほしい。

仮に、辛酸をすでに味わってしまったあなたであったとしても、まだ間に合う。死ぬ気で働く姿勢を貫くことで、V字回復を実現してほしい。

多くの良書を貪り、実費で外部研修を受け、多くの優秀なビジネスパーソンから情報を収集し、常に最新の知識を得るための勉強を怠らず、ときには座禅を組むなど精神も鍛える。そして何よりも、最高の学びの「師」である部下の言葉に対し謙虚に耳を傾けてほしい。

現実逃避をやめて、一刻も早く本当の自分自身と向き合うことだ。

どれだけ居酒屋やラウンジに足を運び、愚痴を肴に酒を飲んでも、あなたのチームが抱えているストレスを発散することはできない。

どれだけゴルフ場でクラブを振り回してみても、チームの業績悪化というバンカーから抜け出すことはできない。

チームの成長は、リーダー自身の肯定的な価値観の変化なくしては成り立たないのだ。

戦い続けるために

「育てます」が口癖になっているリーダーは傲慢。リーダーは部下と同じ成長曲線の上に乗れ。

現状維持を死ぬまで捨て続ける

02

リーダーという生き物は冒険を嫌い、安全を好む傾向がある。「チームのために」という大義名分のもと、守りに入るのだ。

そう、今のポジションを手離したくないのだ。


その気持ち、わからないでもない。

そのポジションに至るまでの道のりが、苦難の連続であればあるほど、リーダーの座を奪われるのを恐れ、現状にしがみつきたくなるものだ。

しかし、そのまま努力せずにチームが機能するほど、リーダーの仕事は甘くない。

チームにとって、現状維持はあり得ないのだ。

リーダーへの昇格はゴールではない。新たなスタートだ。「チームの成功」「リーダーとしての成功」という次なる目的に向かって、まだスタート地点に立ったばかりなのである。

今どき、年功序列のエスカレーターに乗って、じっと動かないリーダーを出世させてくれるほど、呑気な会社も稀だろう。

リーダーになったからといって、間違っても「偉くなった」と、勘違いしないことである。

常に謙虚でいること。たかが取締役、たかが部長、たかが課長、所詮はたかがリーダーなのである。偉くもなんともない。役職というのは、単なる役割分担なのだ。

それぞれの立場で担っている役割と責任は違うが、それを互いにフラットな協力関係のもとで果たしていけばいい。

リーダーシップと高圧的な指導をはき違えてしまうからおかしくなるのだ。

まずは、**リーダー職への執着を捨てることだ。チームを成功へと導く第一歩は、エゴを捨てる勇気である。**

リーダーがポジションに執着しているうちは、まともな意思決定はできない。自己保身のための意思決定では、部下はついてこない。「与える」という思いやりの大原則に基づいた意思決定にこそ、部下はついてくる。

お客様のほうも見ていなければ、部下にも関心がない、そのようなリーダーは、チームを混乱させるばかりだ。

お客様や部下に関心を持ち「心」を配ることで、チームに「命」が宿る。心を閉ざしロボット同然だったチームメンバーに血が通い出せば、チーム全体に「連帯感」が芽生えていく。

チームは生き物だ。成長し続けなければ、待っているのは「死」である。成長し続けること、それ以外に生き残る道は残されていない。核分裂を繰り返し、チームのＤＮＡは進化していくのである。

目標を「前年の1割増し」にし、結果90％の達成をして、「まずまずだな」と内心ほっとしているような、そんな愚かな現状維持計画など、もってのほかだ。

規模の大きな組織になると、「保有契約を守り抜こう」などというスローガンで経営している会社があるが、それではまったく将来の展望が見えてこない。未来のないチームに優秀な人材など集まるはずもなく、むしろ離れていくだけだ。

「安定志向」は麻薬だ。常習性がある。その麻薬を打ち続けると、やがてチームは崩壊していく。

執着を捨てたら、次はチャレンジだ。

計画や目標も大事だが、その前にリーダーとして最優先に心がけておきたい「簡単な習慣」がある。これが実行できれば、結果はあとから自然とついてくる。

それは、**「昨日の自分と違う今日の自分」「今日の自分と違う明日の自分」をつくる**ということである。

毎日毎日、どんなに小さなことでもかまわないから、リーダーとして新しいことにチャレンジしてほしい。

「今日は、主力商品の新しい販売トークを身につけ、部下に公開した」
「今日は、朝礼に新コーナーとして、感謝の100秒スピーチを導入した」
「今日は、パソコンの裏技習得のための早朝ワークショップを開いた」
「今日は、部下たちの家族構成と特徴を覚え、それぞれに手紙を書いた」
「今日は、社員全員に寄付を呼びかけ、専門家による骨髄バンク説明会を開いた」
「今日は、モチベーションのアップする図書コーナーをオフィス内に設置した」
「今日は、会社ビルの周りをゴミ拾いする清掃大会を実施した」
「今日は、会議室を利用して他業界の人たちとレアな情報交換会が開催できた」

というように、「毎日」妥協せずに、とにもかくにも、具体的な行動を実行に移すことだ。これらすべての例は、私自身が現場のリーダーとして、実際に取り組んできたことの一部である。

新しいことにチャレンジすれば、必ずそこに「変化」が生まれる。少しずつではあるが、チームもリーダー自身も共に成長・進化していけるのである。

安定という麻薬の世界から脱却できる唯一の方法なのだ。

戦い続けるために

安定という麻薬を打つな。成長を止めた瞬間にチームは崩壊し始める。

新商品はリーダーが真っ先に売ってみせろ

03

神風特攻を描いたベストセラー小説『永遠の0《ゼロ》』(百田尚樹著、太田出版)など、太平洋戦争が描かれた書物を読むとき、一《いち》リーダーとして、つくづく思うことがある。

日本軍を敗戦に追い込んだ凄惨な戦いは、あまりにも無謀な作戦が多かった。どんなに不利な戦況でも、兵士に対しては作戦を敢行させるが、ほとんどの指揮官は〝後方待機〟し、自分自身は死ぬ恐れのない安全な作戦を立てている。

海戦で空母四隻を失った長官も、稚拙な作戦を立案して三万人を餓死させた中将も、愚かな突撃作戦で味方に大量の戦死者を招いた高級参謀も、自分は安全地帯にいながら、数多くの兵士を前線で犠牲にした。

また、勝ち戦であったにもかかわらず、先頭に立つ指揮官自らに危険が迫ってくると、敵の反撃を恐れ退却し、せっかくの勝機を逃してしまうことも少なくなかった。

それでも、彼らエリート将校は、責任を問われることなく出世し続けた。「お前たちだけを死なせはしない。自分も必ず後を追う」と言っていた神風特攻作戦の指揮官にも、後を追う者はほとんどいなかったという。

人を駒《こま》としてしか見ず、無茶な命令を下した指揮官がいる一方で、祖国の家族を思い懸命に戦い、尊い命を犠牲にした兵士もいる。そんな歴史に触れるたびに、やるせない思いにかられる。

チームで成果を出すビジネスの世界も、ある意味では戦場だ。

現代のビジネスにおける指揮官（リーダー）たちはどうだろうか。

戦場での弱気な指揮官と現代のリーダーとの姿がダブってしまうのは、私だけではないはずだ。

プロジェクト失敗の責任を部下に擦《なす》りつけ、一方的に左遷や降格をさせる後方待機型のリーダー。

業績低迷の戦犯をまつりあげては叱責・恫喝し、部下を辞めさせていくだけの封建主義的なリーダー。

目先の結果と自分の評価だけのために、無茶な命令をひたすら下し続ける無知無策なリーダー。

失敗の責任を取るのは、いつも現場で働いている社員たちである。

後方待機で命令するだけなら誰でもできる。

戦争中ならともかく、現代のビジネスにおいて、そんな卑怯者リーダーに従う部下はいないだろう。気がついて〝振り返ったら誰もいなかった〟ということが起きても不思議ではない。

後方待機はチームを潰す。リーダーが安全地帯にいて、真のマネジメントをすることはできない。

リーダーとしてチームを成功に導きたいのなら、一日も早く安全地帯から抜け出し、常にチームの先頭を突っ走ることだ。**幸いにも職場では命を取られる心配はない。**

すべてにおいて、リーダーはリスクを取り、先頭に立ってほしい。

部下の失敗は極限までフォローする。

リーダー自身の失敗は潔く認める。

トラブルやクレームは、リーダー自身が矢面に立って対処する。

何が起こっても行動に移せる準備を、常に整えておく。

チームの低迷はリーダー自身が責任を取る。

リーダーが汚れ役に徹する覚悟を持つ。


私たちリーダーこそが「死ぬ気で」働かなかったら、戦場で亡くなった兵士たちに申し訳ないではないか。

リーダーが先頭に立って、最前線で弾を受け、蜂の巣になってほしい。

それでも、倒れない。それでも、**チームのメンバーを守り抜く**――そういうリーダーに部下はついてくるのである。


私はこれまで、新商品が発売されたら、もはや営業マンではない支社長職であっても、真っ先に売ってみせた。

優秀な営業マンを街中でスカウトしようと会議で決めたとき、まず私がはじめに街に出て、歩いているビジネスマンに次々と声をかけ、最も多くの名刺を集めた。

販売マニュアルが一新されたら、まず私が一番に習熟して見本を示した。徹夜で猛練習し、翌日の朝礼でチームメンバーへロールプレイを披露したこともあった。

社内の大掃除は、自らも雑巾を持って号令をかけ、積極的に参加した。

チームメンバーの理不尽な処遇や表彰規定を改善してもらうために、クビを覚悟で役員室に乗り込み、辞表を片手に5時間もの交渉に臨んだときは大騒ぎになった。

そのときは、事実を知った50名以上の部下たちから次々と役員のパソコンへメールが届いた。その内容は「早川支社長を辞めさせないでください」という嘆願のメッセージだった。

それを読んだ私は号泣した。今でもその場面を思い出すと涙が流れてくる。

リーダーは、常に率先垂範で最前線に立つことである。

先頭に立つリーダーシップが組織に勇気と活力を生み出してくれる。その真実はいつの時代になっても〝永遠に〟変わらない。

戦い続けるために

リーダーは常にチームの先頭を突っ走れ。後方待機はチームを潰す。

04

「向いていない」と思っている人こそ、リーダーにふさわしい

最近はリーダーになりたがらないビジネスパーソンが増えているらしい。

「責任を持たされてまで働きたくない。重荷だ」
「自由な時間を奪われたくない。窮屈だ」
「そもそも人の上に立つようなガラじゃない。向いてない」
というように、後ろ向きな気持ちで「リーダーなんて冗談じゃないよ」と、目の前のチャンスに背を向けている。

なぜ、そのように「リーダーイヤイヤ症候群」に冒されているビジネスパーソンが増殖してしまったのか。

その理由は明らかだ。

彼らのそばに、魅力的なリーダーがいないから、である。

リーダーになりたがらない部下が多いのは、身近にいる上司たちのせいなのだ。「最近の若い社員は、まったく上昇志向がない。欲がなくて困ったもんだ」と嘆いている、まさにそのリーダー自身が元凶なのである。

それはそうだ。本来なら憧れて目標にするべき、目の前のリーダーの姿が、まったく輝いていないのだから。

それどころか、日々の仕事に疲れ、覇気がなく、会社の悪口や愚痴ばかりで後ろ向きだ。あるいは、ひたすら真面目に義務をこなしているだけのリーダーである。

どちらのタイプにしても、部下が自分の将来に希望が持てないのは同じだ。

こんなリーダーを毎日見ていて、「俺も、リーダーを目指すぞ!」などと、部下が思うはずもなく、「リーダーイヤイヤ症候群」に冒されてしまうのも無理はない。

ということを考えると、**逆の見方をすれば、「リーダーに向いていない」と思っている人こそ、実はリーダーに向いている**ともいえる。

つまり、『「なりたくない」』と思っているリーダー像」というのは、本来は目指してはいけないダメな見本そのものであり、そう思うということは、健全なビジネス感性を持ち合わせていることになる。

それだけでも、真のリーダーとしての資質は高い。

実績を上げることよりも上に媚びへつらうことで出世していく上司。

会社の経費で飲み食いすることが日課になっている上司。

部下へ命令して威張っているだけの上司。

そんなダメリーダーに憧れて出世したリーダーは、成功しない。

「彼らを反面教師にして、這い上がろう」という反骨精神を持てる人こそリーダーとして大成するのだ。

だから、「リーダーに向いていない」と思っている人こそ、リーダーにふさわしい。

実は、私もリーダーになりたくなかったうちの一人だ。

営業マンとして外資系生保の門を叩いて3年経ったとき、記録的な成績を挙げ続けていた私に対し、早くも「営業所長にならないか」という声がかかった。

「冗談じゃない」と、私はその要請を断り続けた。

理由は、前述した若手ビジネスパーソンと同じ心境からだ。私も「リーダーには向いていない」と思っていたのだ。人を指導・管理するなんてガラじゃないと思っていた。

しかし、その後、入社6年目に入ってから気が変わった。「リーダーを楽しもう」と思えるようになったからだ。

責任を背負わされてもいい。時間を奪われてもいい。リーダーもプレーヤーもどちらも仕事としての苦労があるのは変わらないではないか。

そして自分なりに積み重ねてきた経験を、チームで分かち合いたいと思ったのだ。

何よりも、そのときの上司を「目標」にしようと思った。リーダーの仕事が魅力的に思えたのは、その上司のおかげだ。

上司と部下の関係ではなく、リーダーと部下とは「役割分担」ということも学んだ。

プレーヤーもリーダーも互いにその道のプロ。

偉い・偉くないという括り方ではない。お互いの立場だからこそ補える何かがある。

「リーダーは偉くなったらおしまい」と理解してからは、スッキリした。

そんなリーダーを目指そうと思った。

アスリートとコーチの関係と思えばわかりやすい。

オリンピックでメダル獲得を目指すようなプロのアスリートは自費でコーチを雇うことがある。**もしあなたがリーダーなら、部下に雇われているのだと思ってほしい。**あなたは会社から給与をもらっているのではなく、**部下に最高のパフォーマンスを発揮させるための「能力」に対して報酬を得ているのだ。**

想いを一つにした協力態勢を〝対等な関係〟で維持しながら、それぞれの目標達成に向かって、力を合わせていくのである。


私が営業所長というリーダーになったときは、32歳。支社長になったときは36歳。年上の部下もたくさんいた。上から目線でのマネジメントなどできるわけもなかったのだが、リーダーの役割を死ぬ気で果たし続けた。

言葉は変かもしれないが、部下に対して「忠誠心」を持って接していたと表現してもいい。

それは、低姿勢で媚びてきたという意味ではなく、彼らの立場を尊重したともいえる。

だから、私の営業所や支社は、いつも「リーダーになりたい」という部下の割合が圧倒的に多かった。

チームが一体となって伝説的なナンバー1《ワン》支社になれたのも、リーダーを目指している候補生たちが、私と同じ目線でチームをまとめるサポートをしてくれたおかげだ。

フルコミッションセールスの個人事業主が集まる生保業界の組織においては、異例のことである。大半がリーダー志向だったチームというのは、あとにも先にも見たことも聞いたこともない。おそらく生保業界全体を見渡しても私のチームだけだったろう。

その原動力が数多くのＭＤＲＴを輩出し、全国チャンピオンの表彰を連続で受けるまで発展することができた勝因であったと今でも信じている。

戦い続けるために

部下に対して「忠誠心」を持て。リーダーは偉くなったら〝おしまい〟だ。

05 弱点をさらけ出して ファンをつくれ

そもそも完璧な人間なんてこの世に存在しない。

そんなことはよくわかっているはずなのに、**完璧なリーダーでありたいと、いつまでも〝ええかっこしい〟の世界から抜け出せないリーダーがいる。**

「完璧主義」の亡霊にとり憑かれ、あらゆる状況で行き詰まっているのだ。

自分に都合がいいような環境を完璧に整えてくれない会社や組織に対しては、いつも苛立ち隠せず、衝突が避けられない。

発展途上の未熟な部下に対しては、厳しい要求をし過ぎるために、せっかくのやる気や素質を潰してしまう。

いくら頑張っても自分やチームの成果に満足することはなく、部下の前では過剰なほどに背伸びをしている。

もちろん、反省すべき点は反省し、何事も向上心を持って取り組んでいくという姿勢は、リーダーとして必要だろう。リーダーとしての正義感、思いやり、人間力の向上も欠かせない。

しかし、あまりにも焦り過ぎていないだろうか。

それらは、経験を通して階段を一つひとつ登りながら修得していくものだ。私も50年以上生きてきたが、まだまだ不完全なリーダーをやっている。

リーダーとして完璧でありたいあまりに、それを演じたとしても、やがて部下から見透かされてしまう。隠し切れないのだ。

背伸びをしても逆効果だ。無理してもただ疲れるだけだし、いずれ限界がやってくる。

部下それぞれの欠点が個性だと理解しているはずなのに、当のリーダーが、自分の個性を殺してどうするのか。

隙のない偽者の完璧リーダーには、部下は心を開かない。**完璧を目指そうと思えば思うほど、部下との距離は離れていく**のだ。

むしろ、ファンをつくろうと思うなら、**もっと隙を見せて、弱点をさらけ出すこと**

だ。

知らないこと・苦手なことは部下に直接聞いてみたり、あえて頼ってみるのも悪くない。本来なら隠しておきたい失敗談を笑い話にして伝えてみるのも効果的だ。チームメンバーの目の前で感動の涙を流すのもいい。ときには、頭を下げて謝罪することも必要だ。

素顔を見せて距離を縮めれば、部下の本音が見えてくる。

リーダーである前に、「一人の人間」である泥臭さやカッコ悪さを見せるのだ。

強みと弱みは表裏一体にできている。どうせ長所と短所は紙一重なのだ。

たとえば、私の場合も欠点だらけだ。

正確さよりスピードを重視するあまり、暴走することがある。

情けをかけて、人に騙されることがある。

議論が得意でひと言多いばかりに、相手を傷つけてしまうこともある。

お調子者で八方美人のため、信用されにくい。

合理的過ぎることもあり、冷たい印象を持たれることがある。

自己主張が強く、煙たがられることもある。元気がよくて声がデカいから、うるさいと言われる。

そのように欠点だらけなので、敵も多い。

周囲の2割は〝アンチ早川〟だろう。しかし、味方もいる。2割の早川ファンはもちろん、どっちつかずの6割の人たちも、ときどき支持してくれる。

どんなときも味方でいてくれる人が2割いればめっけもんだ。すべての人たちから支持されるなんてあり得ない。

100％嫌われないリーダーを目指していたら、逆に味方は誰もいなくなってしまう。

こちらから、すべて開けっぴろげに弱点をさらけ出せば、部下だって安心して、同じように弱点をさらけ出してくれる。

人というのは、わかりやすい人を好きになるのであって、何を企んでいるかわからない人には心を開けないのである。

嘘のない丸裸のリーダーのことを部下は好きになるのだ。

嘘のない正直なリーダーの前でなら、部下もまた正直な自分をさらけ出し、「懐に飛び込みたい」という思いにかられるものだ。

さらに、リーダーと部下との間で、互いの弱点を認め合っているならば、障害や失敗を予測して補い合うことだってできる。

リーダーも部下も、自分の強みで相手の弱みを救うことができるのだ。

何より、**お互いの失敗も許し合える。丸ごとのアイデンティティを認め合える**のだ。

まさに、チームプレーの精神が根づいていくのである。

弱点も裏をかえせば、自分にとってなくてはならない「強み」になる。リーダーとしての強力な「武器」となるのだ。

戦い続けるために

完璧なリーダーは嫌われる。
素顔を見せて距離を縮めれば、部下の本音が見えてくる。

常に自分自身のご機嫌をとれ

06

バイオリズムというものがある。

雨の日は気分が沈みがちだ。便秘が続いている。実家の母が入院した。通勤電車が遅延して殺人的に混雑することもある。猛暑で汗だくの日もある。携帯や財布をなくして落ち込むこともある。業績が最悪のときもある。

そんな日は、誰だってご機嫌ではいられない。

二日酔いで体調不良の朝もある。寝不足の朝は眠い。髪型が決まらず気分がのらない。シミのついたネクタイをしてきてしまった。ベルトをし忘れた。靴が汚れている。出がけに夫婦喧嘩になった。

リーダーだって人間だ。機嫌の悪い朝だってある。

しかし、**部下はリーダーの機嫌に敏感だ。常に顔色を窺っている。**

部下たちは、ミスの報告をしても叱られないタイミングを窺い、業績の芳しくない書類を提出するタイミングを窺い、有給休暇を申し出るタイミングを窺っている。

要するに、なるべくリーダーの機嫌の良いときに近寄って、期限の悪いときには遠くから眺めているという、絶妙な距離を常に保っているのだ。

業務を円滑に進めるため、ストレスを溜めない対処法を部下なりに工夫しているのである。

機嫌の浮き沈みやイライラが激しいリーダーであれば、部下は常にリーダーの喜怒哀楽にビクビクしていなければならない。

機嫌の悪いリーダーと一緒にいると、とても疲れる。可哀相な部下たちは、余計なことにエネルギーを消耗するはめになるわけだ。

ところが、肝心なリーダー本人は呑気なものである。機嫌をとってくれる部下に甘え、やりたい放題、我が道を行く。何も気にしていない。自分の機嫌には、意外と鈍感なものだ。

周囲にどれだけ悪影響を及ぼしているか、自覚していないリーダーが多く、残念でならない。

チームの環境は、リーダーの機嫌に左右される。リーダーの喜怒哀楽は、チームの士気に大きく影響するのだ。

不機嫌であることを自覚し、意識的にコントロールできていればいいのだが、コントロールできていない子どものようなエゴ・リーダーは、チームの生産性を上げることはできない。

私は部下からよく言われた言葉がある。

「毎日毎日いつも元気いっぱいですね！」

「悩みなんてまったくないんじゃないですか！」

「なんでそんなに前向きで明るいんですか！」

私は部下に落ち込んでいる姿を見せない。私の態度や表情が暗くなるときは、部下たちの家族に不幸があったときくらいだ。

チームの指揮に影響を及ぼすようなアクシデントに見舞われたときでさえ、リーダーは毅然とした態度で落ち込んだ様子を見せてはいけない。

ピンチのときこそ「ツイてる！」と叫び、ポジティブな解釈で発想を転換させるのである。**そんなリーダーの底抜けに明るいオーラに、チームメンバーは救われることがある**のだから。

別に私は、アホみたいに面白おかしく振る舞えと言っているわけではない。黙って座っているだけでもいいのだ。

大切なのは、心の安定感だ。

リーダーはどんなときでも、エネルギー値を落としてはいけない。

何かにとらわれている「弱さ」を見せてはいけないのだ。

部下はあなたの丸まった背中をよく見ている。些細なことほど油断してはならない。

感情をコントロールする「強さ」を見せてほしい。

それにはまず起こった事実を正確に理解して、受け入れるという心の習慣をつけることだ。ありのままの現実と向き合い整理するのだ。

〝過去〟に囚われないためには、その現実の出来事が「解決可能」な問題なのか、それとも「解決不可能」な不可抗力なのか、しっかりと仕分けしてほしい。それも瞬時にだ。リーダーが小さなことにうじうじと気を揉んでいる暇はない。

〝落とした財布〟は返ってこないと思え。返ってきたらそれは奇跡なのだ。40度の猛暑日は、いくらあなたが嘆いても気温は下がらない。決して自然と戦ってはいけない。いくらあなたが落ち込んでも大雨は止まないのだから。

靴が汚れていて気になるのなら、すぐに磨くのか、覚悟を決めて汚れた靴と共に一日を過ごすのか、決めるのである。

「ああ、いやだな」「どうしよう」と、心配事を仕分けせず溜めこんでいるから、機嫌がどんどん悪くなり、感情のコントロールが効かなくなるのである。

起こってしまったことはもう取り戻せない。

だから、「今すぐ解決できること」以外の心配事は、ゴミ箱にポイッと捨てていく映像を頭の中で想像してほしい。「不機嫌」は、ポイポイッと捨てていくのだ。

戦い続けるために

部下がリーダーの顔色を窺う環境は最悪だ。喜怒哀楽を上手にコントロールしてこそ真のリーダー。

07 リーダーは孤独を楽しめ

仲良しチームは始末に負えない。

一見、和気あいあいとチームワークが良さそうにも思えるが、業績を見れば一目瞭然。たいていは散々な結果だ。単なる仲良しクラブではいずれ統率が取れなくなり、バラバラになる運命が待っている。

やはり**馴れ合いにならずに、悪い結果は厳しく受け入れ、互いに「悪いものは悪い」と指摘し合えるような緊張感のあるチームが理想的**だ。

いったい誰がリーダーなのかわからないのが、仲良しチームの特徴だ。

リーダーを中心に取り組んでいることは何かといえば、主に「傷の舐め合い」である。お互いに励まし合うのではなく、慰め合うことが習慣になっている。

部下たちの本性はといえば、勝手気ままに、拘束されることなくマイペースで働きたい。とやかく指示されたり強制されたくないのだ。
だから、仲良し第一のリーダーは、つい〝事なかれ主義〟になり、部下の行動を黙認し、放任してしまう。

部下たちの自主性に任せることも、たしかに重要ではある。

しかし、リーダーが部下からの反発や衝突を恐れ、管理・指導をすることを避けていては、チームとしての統率は取れなくなる。

気を引き締めなければ、低きに流されていくのが大半のビジネスパーソンだ。リーダーたるもの、いざというときには命令を下すことから逃げてはいけないのだ。

部下の拒絶反応からリーダーが逃げてさえいれば、チームの羊たちはおとなしくしているのかもしれない。しかし、それではチームがバラバラになっていくだけだ。彼らを守っていくには、リーダーの踏み込んだ指導が必要不可欠なのである。

「羊たちの沈黙」ほど、恐ろしいものはない。いざとなれば抵抗してストやクーデターも辞さないケースがある。

しかし、リーダーはサボっている集会の場に踏み込んででも、彼らの行動を正さなければならない。

従順さという〝羊の皮をかぶった狼の群れ〟ほど、やっかいな集団はない。リーダーは決して、羊たちと共に群れてはいけないのだ。

厳しいビジネスの世界で生きているリーダーの仕事は、孤独になることを恐れず、チームを統率することである。

リーダーとは、「孤独」と運命を共にすることを代償にして、高い給料をもらっているようなものだ。

理不尽大魔王の上役から無理難題を押し付けられ困った状況であるのに、笛吹けど踊らず。部下の羊たちは様子を窺いながらピクリとも動こうとしない。そんなときには、「自分は地球上でたった一人なのではないか」と思えるくらい孤独な気持ちに追い込まれるのではないだろうか。


リーダーが孤独を避け、部下たちへ迎合し始めたら危険だ。はじめは「いいリーダーである」と歓迎されるかもしれない。しかし、部下からの評価が「いいリーダー」から「無能なリーダー」に変わっていくのに、たいして時間はかからない。

あなたは、同好会のリーダーでもなければ、クラス会のリーダーでもない。

ビジネスには、「成果を出す」という明確な目標がある。そのターゲットから目をそらして、仲良しチームを束ねようとしても、やがて、荒廃していくだけだ。リーダーシップの欠如したチームに待っているのは、リーダーの「孤立」、すなわち、大黒柱を失ったチームの崩壊である。

いずれ「孤立」してしまうくらいなら、はじめから「孤独」を楽しめばいい。

リーダーは孤独を恐れてはいけない。孤独を楽しむのだ。

「**孤独会議**」なども楽しみたい。誰の意見にも惑わされず、たった一人であーでもないこうでもないと戦略を練る。最高の時間である。できれば、誰にも邪魔されない早朝のカフェなどがお勧めだ。

「**孤読書**」も欠かせない。最低でも週に一冊くらいは書物と向き合いたい。読書は、孤独な自分自身と向き合える大切な時間だ。私の場合は、本が師匠であり、メンターだった。直面している問題の答えはすべて本が教えてくれた。

「**孤独ランニング**」もテンションが上がる。ランニングハイ状態になったとき、前向きなアイデアが閃いたりするものだ。

「**孤独映画鑑賞**」も意味が深い。映画はペアで見てはいけない。一人ぼっちで見ること。できれば、感動を呼ぶ人間ドラマを選びたい。ときには、大粒の涙を流し、心の澱《おり》を洗い流す時間も必要だ。

「**孤独な二次会**」というのもいい。チームみんなで徒党を組み、打ち上げの二次会へなだれ込むのもいいが、リーダーの役目は一次会でもう十分果たしたはずだ。感動を呼ぶ中締めに余韻を残しつつ、あとはとっとと家に帰って風呂に入り、瞑想でもしたほうがいい。

どうしても、もう一軒という人は、「**孤独バー**」の静かなカウンターで一杯のお酒を少しずつ飲む。自分を褒めてあげながら、「人生のワンショット」を楽しむのだ。

心から孤独の意味を理解できたとき、部下への愛情が生まれる。

孤独なリーダーがチームの中心となったときこそ、「手に手を取り合い、支え合うチームワーク」が生まれるのだ。

戦い続けるために

迎合する仲良しリーダーは、やがて孤立し、失脚する。
孤独な時間には、心のスクリーンに
部下の笑顔を映し出しておこう。

08 品格を磨くと「直観」が冴える

リーダーを続けていると、たびたび重要な経営判断に迫られることがある。常に選択の連続だ。

次のプロジェクトは、Aプランで着実に業務を推進していくのか。それともBプランで一気に変革するのか。

このタイミングで融資を受けて設備投資し、勝負をかけるのか。それともここのところは時期尚早、我慢のときなのか。

次の異動では、実績重視の大抜擢人事を断行するのか。それとも経験やバランスを重視した配置転換をするのか。

現実には、その決断が成功することもあれば失敗することもあるのだが、チームを率いている重い責任を考えると、「すべて成功させたい」と思うのがリーダーである。

では、それらの決断を成功へ導くための「秘訣」はあるのだろうか。

ズバリ、秘訣はある。

そう、**「直観」で決断すればよい**のだ。

やること成すことがうまくいくリーダーたちを観察していると、直観で決断しているケースが多い。

彼らに成功の要因について質問を投げかけると、「直観だよ。運が良かっただけ」なんてことをサラリと言うものだ。意外と深く考えていない。迷わず実行しているのだ。やはり、チームマネジメントとは瞬時の素早い決断力がものをいうのだろう。

あなたは慎重に検討していると思い込んでいるが、本当は勇気がないだけの優柔不断なリーダーなのではないだろうか。

「上役や部下からどう思われるか？」という恐れが邪魔をして思い切れず、変われないだけのリーダーなのではないだろうか。

失敗しない選択をしたいと思うなら、一般常識などという理屈を一切排除した「自分の本心」に従った悔いのない決断をすることが大切だ。

本当の自分が目指している目的に向かってまっしぐらに導いてくれる「直観」さえ

あれば、すべてがうまくいく。

では、その正しい直観力を身につけるにはどうすればよいのか。

それにはまず、**〝インテグリティ（高潔さ）〟を徹底することで、リーダーとしての「品格」を磨くことに尽きる。**正しい人格が正しい選択を生むのだ。

あなたが元来生まれ持っているはずの「正義の心」に基づき、リーダーとして品格溢れる経営判断を行ってほしい。

目先の損得に惑わされてはいけない。

他人からの評価ばかり気にしてはいけない。

部下の忠誠を裏切ってはいけない。

小さな不正行為にさえも決して手を染めてはいけない。

保身ばかりの自己中心的な行動は慎まなければいけない。

自分の良心に背く行為を繰り返していると「偽りの自分＝偽りのリーダー」ができ上がる。その偽物のリーダーが、まさに偽物の自分にとってふさわしい「誤った決断」をしでかしてしまうのだ。

たとえば、リーダーであるあなたにチームメンバーを中途採用する権限があったとする。どれだけ優秀な人材を補強するかどうかは、チームの発展に大きな影響を及ぼすことは、今さら言うまでもない。

さて、人材を見極める採用基準はあなたに委ねられた。あなたの自由だ。性別も年齢も経験も問われない。すべてあなたのお好み次第だとしたら、どんな人物をどのように採用していくだろうか。

ここで、あなたの正義が問われる。あなたの品格が問われるのだ。

目先の人員増強のために、あなたの良心に反する基準の低い大量採用をしてしまったとしたらどうだろう。チーム内の生産性は下がり、会社のコストとなる。組織のモチベーションにも悪影響を及ぼすに違いない。結果、大量脱落は免れまい。

何よりも、採用した社員を退職させることは彼らの職歴を汚すことになり、本人やその家族の人生を不幸にすることにもなりかねない。

やはり、正義の採用基準に基づき、応募者の適性を厳しく判断してあげることが、チームのためであり、本人のためにもなるのだ。

目先のエゴで自分を欺けば欺くほど罪悪感や後ろめたさを育てていく。そして、それを正当化するためにさらにもっと大きな過ちを繰り返していくことになるのだ。

だからこそ、人として、リーダーとして、正しい採用はもちろんのこと、正しいチームマネジメントを推進していく「品格」が必要なのである。

これからは、一切の正当化や言い訳をやめなければならない。

良心に従った言動を積み重ね、「自尊心」を育てるしかないのだ。そのうえで、リーダーとして心の底から正しいと思える決断をしてほしい。

その自尊心が品格を磨き上げ、直観で選択できるパワーをアップさせる。

直観力こそが、あなたの決断を次から次へと成功に導いてくれるのだ。

戦い続けるために

正しい人格が正しい選択を生む。
やることと成すことがうまくいくリーダーを目指せ。

第2章

聞く・話す・巻き込む

09 部下の不満を聞き入れる度量と「説教できる愛」を持て

しばらく蓋《ふた》をしていたあなたの「器」を、大きくするチャンスがやってきている。そのチャンスとは、チームを変革する大チャンスのことだ。

新しいプロジェクトへチャレンジするとき、役職や部署が変わるとき、悪化している業績をV字回復させるミッションを背負ったとき、そういう局面においては、今まで通りの「器」の大きさでは、到底通用しなくなる。

大チャンスへの挑戦に向けて、新戦略の号令をかけてもチームがうまく機能しないのは、**あなたが打ち出した起死回生のプランが部下の心に浸透していない**からだ。

どんなに素晴らしい戦略でも、あなたの部下が本心から納得していないのであれば、彼らが動き出すはずもない。

リーダーが自分の意見を押し付けてしまうと、チーム全体がフリーズして機能しない、という現象が起こる。

それが理解不能な主張であり、部下たちにとって納得がいかなければ、あなたは張り切り過ぎの空回りリーダーの烙印を押されてしまうのだ。

たとえば、部下の反論を、〝反論の反論〟で封じ込めていないだろうか。

部下の意見が正論であればあるほど、あなたのプライドという名のコンプレックスは刺激される。屁理屈で固めた〝反論の反論〟を、パワハラまがいの強引な説教調で部下に押し付けてしまうのだ。

部下の文句、部下の意見、部下の提案など、多くのリーダーたちは、それらを〝受け入れている気になっている〟ものの、実際にはそうではない場合が少なくない。

そんなとき部下は、リーダーの無能さ・無策ぶりに気づいている。

部下たちの本音は、リーダーが自分の言葉で語る「正しい考え」を聞きたいのだ。

もっと言えば、部下である自分のわがままや反論をちゃんと咀嚼したうえで説得し、そして納得させてほしいのだ。

部下からの反論は、難解なクイズを出題されたのだと思えばいい。

たとえば、「先日の会議では『Bプランでいく』って決めたのに、急にCプランに変更するなんて、どういうことなんですか！」と、部下が説明を求めてきたとき、あなたはその主張を十二分に「ＹＥＳ」と受け入れたうえで、部下が「なるほど！」と納得するような名回答をしなければならない。

きっとあなたは、「部下のわがままを何でも聞き入れていると、威厳が保てない。舐められる」と考えているのではないだろうか。

リーダーとしての自信のなさ、すなわち、「器の小ささ」がそうさせているのだ。

いくら部下という弱い立場だからといって、話を聞いてくれないリーダーの命令に対し、素直な気持ちで聞くことなんて、できるはずがない。**一言一句に心を傾けて聞かない限り、部下が心を開いてくれることはあり得ない**のだ。

この際、つまらないプライドはゴミ箱に捨ててほしい。

リーダーであるあなたの安っぽいプライドがチームの粗大ゴミとなって、組織の清浄化を阻んでいるということに早く気づくべきだ。

リーダーが率先して誠心誠意を尽くして聴く姿勢を見せるからこそ、部下も聴く姿勢を見せてくれるのだ。

そして、ときに部下は反論を聴いてくれるリーダーからの「**愛のある説教**」を待っている。そのとき、納得のいく説教ができれば、〝通行止め〟だったあなたの「愛」は開通する。

「君の行動を許すわけにはいかない。それは単なるわがままだ」

「君の行為は、完全に仲間への裏切りだ。いい加減に目を覚ませ」

「君の考えは、根本的に間違っている。100年経っても成功できない」

厳しい説教でさえも、部下は涙を流し受け入れてくれる。

意外なことに部下の本音というのは、リーダーからの「間違っている」という説教を求めているのである。

リーダーとしての技量を「試されている」といってもいい。部下だって内心はわがままだということはわかっていたりするものだ。ある種の「甘え」である。

リーダーであるあなたの「器」はどれくらいの大きさだろうか。さぞかし自分ではでっかい器だと思っているのだろう。

では、その器には、「部下の意見」がどれくらいストックされているのか。

部下の意見を無視して右から左に受け流しているリーダーは成長しない。

リーダーが成長しなければ、チームの成長もあり得ない。もちろん、目の前の問題が解決することもない。

たとえ部下の言葉が聞くに堪えない罵詈雑言であったとしても、まずは誠心誠意あなたの心を傾けて「聴く」ことだ。腹だたしいその言葉の中にこそ「幸せのヒント」がたくさん詰まっているのだ。

仮に今すぐ活用できない提言であっても、将来のチームにとっては役に立つアイデアになることもあるし、実現不可能な要望も、ときとして問題の「核心」を突いていることもある。

優秀なリーダーにかかれば、すべての意見は肥やしとなり、成功へ向かっていくのだ。

戦い続けるために

部下の意見を受け入れれば受け入れるほど、リーダーの器は大きくなる。

10 「それから、それから？」と部下の言葉に心を傾けろ

部下がリーダーに最も求めていることを一つ挙げるとしたら、それは何か？

「もっと休みがほしい、残業も減らしてくれ」

はい、きっとそれもそうだろう。

「もっと腕を上げたいから、仕事を教えてほしい」

なるほど、それも大事だろう。

「もっと仕事を評価して給料を上げてほしい」

やっぱり、これか……。

「もう僕にかまわないでほしい。ほっといてくれ」

これが、一番だったら、悲しい。

しかし、それらをひっくるめて本音を分析してみれば、部下がリーダーに対して**最も求めているのは「話を聞いてほしい」ではないだろうか。**

とにかく、部下はリーダーとの距離を遠く感じている。

「壁」と表現してもいい。テニスや卓球の壁打ちを想像してほしい。意思の発信というストロークが一方通行なのだ。

もし、あなたが部下の立場であるのなら、もっと話を聞いてほしいはずだ。

聞いてもらえたとしても、「どうせ、ポーズだけだ」とか、「どうせ、最後は言いくるめられてしまう」といった諦めを感じたことがあるのではないだろうか。

なぜなら、古今東西、いつの時代も、リーダーがしゃべり過ぎてきたからである。

たとえば、過去の自慢話。リーダーはよかれと思い、披露するのだろうが、まったく効果がないだけでなく、部下からますます嫌われている。

「また、始まったよ。過去の栄光！」

「おいおい、それはバブル期の話だろ！」

「あんたにはできたかもしれないけど、俺には無理！」

と、部下にとってまったく参考にならない。

一方的な命令もまた御法度だ。強いリーダーシップを発揮した「命令」が必要なときもあり、それが効果的であることは否定しない。

ところが、たいていの部下は命令されることを嫌う。「それって、命令ですか？」と聞き返す部下は、命令というルールに逆らえない以上、「納得はいきませんが、命令なら仕方ありません」という我慢を強いられているのだ。

部下からすれば、いつも「命令」という伝家の宝刀を抜かれっ放しでは「やってられない」という気持ちにもなるし、腹にも落ちない。

口を開けば、上から目線で部下への説教三昧。〝言うことを聞かせること〟がマネジメントだと勘違いしているリーダーは、会議でも説得、打ち合わせでも説得、というように、部下との議論に〝全勝〟してしまう。

常に、論破、論破で部下に対しては連勝街道まっしぐらだが、残念ながら業績のほうは連敗続きだ。

弱いものいじめをしていい気になっている場合ではない。ふと気がつけば、ダメリーダーの周りは「イエスマン」だらけ。

誰も本物の部下がついてこないのは、「裸の王様」になっている自分に気づいていないからだ。業績が上がらないのは当たり前。方針が浸透しないのも当然である。

自慢型リーダー、命令型リーダー、説教型リーダーの傾向がある人は、金輪際、部下の前で自分の口を開かないことだ。ひたすら、部下の話を傾聴してほしい。

部下の話に関心を持ってひたすらうなずき、意識的に数多くの相槌を打ち、そしてしっかりと心を傾けて聴きまくる姿勢、それを決して崩さないことだ。

「しゃべり過ぎ」を封印したリーダーが発する言葉は、**次の5つに限定したい。**

「いいね」
「なるほど」
「頑張ってるね」
「いつも大変だな」
「その気持ちわかるよ」
この繰り返しでいい。

部下の不平不満、部下の悩み、部下の主張、部下の頑張り、部下の功績、部下の人生、それらに興味を持って耳を傾け、さらに心を傾けなければならない。

話の途中で自分の言い分を〝かぶせる〟ことなく、たとえ部下から何か質問されたとしても、リーダーとしての回答は呑み込んで、「それについて、君だったらどうする？」と部下の意見を尊重し、先に答えるのは控えたい。

できる限り「へぇ～、それから、それから？」と部下のほうにしゃべらせることだ。部下はそのくらい話を聴いて、、、、、、、くれるリーダーにだけ心を開くのである。

「話を聞いてくれる人の話なら聞いてあげてもいい」と思うのが、やはり人情だ。コミュニケーションにおける基本中の基本であるにもかかわらず、〝偉くなってしまったリーダー〟は、それを忘れてしまう。

いつの時代も、「共感」してくれるリーダー、「賞賛」してくれるリーダー、そして、「承認」してくれるリーダーを部下は信頼するのである。

戦い続けるために

一方的にしゃべり過ぎず、「頑張ってるね」と認めてあげるだけでいい。

11
涙を流してスピーチする

感動して流す涙には、鬱積した心のモヤモヤをスッキリと晴らしてくれる効能がある。**涙は心を浄化してくれる**のだ。

チームを成功へと導く大切なキーワードの一つ、それは「涙」。

感動の力は凄まじい。冷め切っている部下たちの感情を刺激し、沈滞しているチームの空気を一瞬で変えてくれる。

その涙が大粒であるほど、部下たちのドライな心に〝潤い〟も与えてくれる。「涙と感動」がチームのモチベーションを上げ、大きなムーブメントを引き起こすことさえあるのだ。

チームメンバー一人ひとりの涙が一つになったとき、その大きな雫がうねりとなって、チーム全体をビッグウェーブに乗せてくれる。

さらには、その涙の大洪水によって、部下の「やる気」が噴水のように溢れ出てくるのだから、もう勢いは止められない。

散々泣いたあとの業績向上、実績アップに対し、今度はリーダーの「笑い」が止まらない。

チーム内にその空気をつくるには、**まずリーダー自身が率先して涙を流すこと**だ。

部下たちの前で照れることなく号泣してほしい。

恥ずかしくなんかない。恥ずかしいと思う〝その心〟のほうが恥ずかしい。

朝礼のスピーチ中でもいい。会議での所信表明でもいい。一対一のミーティング中でもいい。とにかく、「ここぞ！」という場面で、思い切り感情移入し、正直に心の中を表現してほしい。

とめどもなく涙が頬を伝うほどに。

かつて私の支社では、年末になるとオフィスで納会を実施し、リーダーである営業所長やサブリーダーたち十数人から振り返りのコメントを発表してもらうのが恒例になっていた。その場は、毎年のように「涙、涙のスピーチ」になった。

決して狙って演出したわけではない。自然な流れでそうなっていくのだ。

「死ぬ気で働くリーダー」たちは、部下の一年間の頑張りを振り返ると、ずっと我慢し続けた涙腺から、まるでダムが決壊したように涙がこぼれ落ちるのだろう。

そんな場面に何十回と遭遇し、私自身もよくもらい泣きしたものだ。

「リーダーの胸に飛び込んで号泣する部下」と「泣き崩れる部下を抱きかかえ号泣するリーダー」という構図は、周囲の仲間たちをも感動に巻き込む最高のシーンになった。

表彰式などの檀上で流す涙も、苦楽を共にした者たちでなければわからない「意味」を持っている。

家族もリーダーもすべて交えてその感動を共有し、達成感・充実感・幸福感は最高潮に達していく。

部下を思う熱いリーダーは、どんなときも真っ先に自分が泣いている。

それだけ深い愛情を持っているのだ。

ただ、涙にもいろいろと種類がある。

たとえば、悔し涙のような内向きな涙だ。

こだわってきた目標を達成することができなかった。信じていた部下に裏切られた。大きな失敗をしでかして飛ばされた。絶体絶命のピンチに陥った。長年培ってきた地位も名誉も財産もすべて失った。

こんなときも正直、泣きたくなる。

しかし、たとえ腐ってもチームのリーダーである。めそめそと悔し涙を流しているリーダーでは頼りない。ネガティブで内向きな涙は堪えてほしい。

こんなときこそ、余裕の「笑顔」だ。

どんな苦境に陥っても踏ん張れるリーダーにだけ部下はついてくるのだ。

苦労の末、共に目標を達成して流す涙。
仲間の必死な努力に心を打たれ流す涙。
感謝の気持ちに堪え切れず流す涙。
どうせ涙を流すなら、部下のために涙を流すリーダーであってほしい。

組織立て直しのミッションにより、私が名古屋支社から品川支社へ支社長として異動してまもなく、こんなこともあった。

前任の支社長の得意技は恫喝で、封建的なリーダーだった。そのため、部下の営業マンは怯《おび》え切っていて、感動どころか恐怖心で仕事をしている環境だった。

そんな心の乾き切った彼らに対し、ある月締めの全体会議において私が『鏡の法則』（野口嘉則著、総合法令出版）を朗読したことがある。

まだ書籍がミリオンセラーになる前にウェブ上で話題になり、「読んだ人の9割が涙した！」と言われていた物語だ。

支社長である私はマイクを通して、それを全員に聴いてもらった。

50分もかけて。

そのとき、大半のチームメンバーは目頭を押さえていた。皆の鼻をすする音もどんどん大きくなっていった。

もちろん、最も多くの涙を流したのは、リーダーである私自身だ。

朗読しながら嗚咽《おえつ》を堪えるのに必死だった。

50分間もの長い時間、チームメンバーもよくぞ耳を傾けてくれたものだと思うが、
その日以来、チーム内には目に見えない「涙の絆」ができ上がり、改革はスムーズに

受け入れられた。

そんなふうに私は、あの手この手で「感動する話」をいろいろと探してきては紹介していったのだ。あるときにはビデオ映像で、あるときには一斉配信メールで、あるときにはスピーチで。

そして、涙の数だけ業績も上がっていった。

誰かの歌の歌詞ではないが、**チームも「涙の数だけ強くなれる」**らしい。

今日からあなたも感情に訴えられるリーダーになってほしい。そして、感動でチームに活力を与えるのだ。

戦い続けるために

感性を動かすリーダーになりたいなら、誰よりも真っ先に涙を流せ。

12 次のリーダー候補と相談しろ チームの課題を

後継者づくり、これは、リーダーが常に頭を抱える永遠のテーマとなっている。

なぜなら、リーダーが優秀であればあるほど、チームメンバーはリーダーに依存するからだ。

リーダーが頼られることは大いに結構なのだが、部下は自立してくれない。

だから、そのリーダーを超える後継者は容易に育たないのだ。可能性を秘めた候補者でさえ、なかなか現れてくれない。

しかし、この「後継者を育てる」というテーマも、リーダーたちの実力に差が出る取り組みの一つである。

「俺は優秀だが、部下は無能ばかりだ」などと虚勢を張り、部下に責任転嫁しているリーダーがいるが、それこそ、無能なリーダーの代表例だ。

そのようなリーダーは、「育てること」への自信のなさの裏返しとして、後継者を「あえて育てない」という指導をしている。**自分のポジションにしがみつきたいがために犯してしまう自己保身**だ。

しかし、保守的で自己中心的なリーダーは、所詮〝そこまで〟だ。

「保身」ほど恐いものはない。運がよければ現状維持だが、たいていはやがて淘汰されていく。

後継者づくりの大原則というのは、リーダー自身がさらに成長し、出世・独立・勇退するという前提に立っている。にもかかわらず、リーダーが「現状を維持できればいい」という自分の本心に気づいていないまま、部下の育成に悩んでいるケースは深刻だ。

情報を独り占めし、スキルは伝授せず、ひたすら部下を潰していく。

後継者がいない、のではなく、あなたが後継者を発掘し育てようとしていないのだ。

まず、その愚かな行為に気づくべきである。そして、「死ぬ気で」後継者を育てるのだ。

やがて部下があなたと同格のポジションにまで出世を果たし、ライバルとしてあなたの地位を脅かす存在になったとしても、それを歓迎しなくてはならない。部下があなたの役職を追い抜いて、あなたの上司になったとしても祝福しなくてはならない。

もしあなたが本気のリーダーならば、次のリーダー候補と何でも相談してほしい。業績不振の打開策、マーケット戦略、新商品についてのアイデア、新規キャンペーンの施策、人事改革についての意見、新プロジェクトの推進案などの、チームが抱えている課題すべてを後継者と共有し、一緒になって〝歩む〟のである。

あなたのリアルな意思決定や、あなたの生々しいマネジメントを共に体験させるのだ。

常に部下との密なコミュニケーションをとってほしい。ナレッジ、スキル、マインドのすべてを一体化させ、惜しげもなく骨の髄まで伝えるのだ。

頼ることで部下は伸びる。共有することで部下は伸びるのだ。

そうすることで、「何でもリーダーが考え実行してくれるだろう」という依存体質から脱却させることができる。

頼られることで、主体性や当事者意識が身につくのだ。
さらには、重要な情報を惜しげもなく部下へ伝えてあげることで、互いの信頼関係を築くこともできる。

「私と君で一緒に考えたこの起死回生の戦略を引っ提げて、次の勝負に出る！　必ず成功させよう！」

このように、後継者と共にワクワクする企てを立案・計画・実行していくのである。
巻き込めば巻き込むほど、部下は伸びる。
部下の成長のために尽力し、部下のために時間とお金を遣い、部下のために愛情を持って巻き込んでいくのだ。

戦い続けるために

後継者の育成を怠らず、密なコミュニケーションをとれ。共有することで部下は伸びる。

13

口癖を変えて、チームの未来を切り開け

リーダーは予言者である。

良いことも悪いことも、恐いくらいリーダーが予言した通りに的中していく。

「**リーダーの言葉がチームの未来をつくる**」と言っても過言ではない。リーダーの言葉には、チームの将来を左右する魔法の力が宿っているのだ。

リーダーの言葉は、まさに「言霊」だ。チームメンバーの動向は、リーダーの言霊に支配されていく。

「**目標を120%達成する**」とリーダーが言い続ければ達成するし、「目標は最低限80%できればいい」と言っていれば、その通りの数字となって現実化する。

「**100名の組織にするために、良い人材を採用して生産性もナンバー1《ワン》にする**」と言い続ければその通りのチームになるし、「20名の組織で十分だし、まずまずの平均

点で良い」と言っていればその通りの組織ができ上がる。

「**チームで10冠王を獲得するぞ！**」と言い続けていると、いつの間にかその通りに最強の組織ができ上がっている。

「そんな簡単なものじゃない」というあなたの心の叫びが聞こえてきそうだが、実は、そんな簡単なものなのだ。すでに「簡単じゃない」などと言っていること自体が「言霊」の力を甘く見ている証拠だ。

これらの実績は、私が実際に営業所長として、また支社長として体験してきたことだ。これまでずっと、言霊が失敗を招き、言霊が成功を引き寄せてくれた。

池袋支社に営業所を4つつくることができたのも営業所長だった私の言霊通りであったし、名古屋地区に3つの支社と19の営業所をつくることができたのも支社長だった私の言霊通りだった。

こうして、この10年間で5冊目の書籍を出版できたのも、常に10年前から私が言い続けているまさに「言霊の成せる業」だ。

どうやら、ビジネスの世界には、言霊に吸い寄せられる磁石のようなエネルギーが存在するらしい。チームの運命は意外と単純な法則の元に動いているのだ。**ポジティブな口癖をシャワーのように自分に浴びせることで、強いセルフイメージができ上がる。あとは脳に刷り込まれたイメージ通りに実行していくだけだ。**

その法則については、私が改めてここで伝えるまでもなく、実績を上げてきたほとんどのリーダーはすでに気づいているはずだ。

似たような法則について書かれている良書も巷に溢れている。

ところが、迷えるリーダーたちは、まだその法則をコントロールできていない。

リーダーの言霊を甘く見てはいけない。悪い予言は倍速で的中する。

リーダーの迂闊《うかつ》なひと言がチームメンバーを窮地に追い込むこともあるし、奈落の底に落とすことにもなりかねない。

心配からくる〝不吉な発言〟は的中する。後ろ向きな愚痴も厳禁だ。自虐ネタの冗談だって実現してしまうから恐ろしい。

「うちのチームはまだまだたいしたことありません」という謙虚な発言もマイナスに

作用する。

「そんなことないって！」という周囲からの同情や、「そんなこと言わずに頑張って！」という励ましがほしいのか、どちらにしても、それらの発言はリーダーの精神的な「弱さ」が言わせているネガティブワードだ。

望んでもいない現象は絶対に口に出してはいけない。

まずは、そんなリーダーの口癖を変えるべきだ。リーダーの口癖はウイルスのようにチーム内に伝染するからだ。

リーダーの口癖が変われば、チームも変わっていく。

リーダーの理想や願望に基づき、縁起のいい言葉を口にする習慣をつけたい。

チームを成功に導きたいなら、「幸せのビッグマウス」をさらに〝盛って〟ほしい。

ただし、その言葉にリーダーの「魂」を込めなければ何も実現しない。

魂の入っていない言葉を羅列しているだけでは、ただのホラ吹きに過ぎないからだ。

もっとわかりやすく表現するならば、「信じる力」をリーダーが持っているかどうかにかかっている。

たとえば、「理念」や「ビジョン」を掲げたとしよう。

世の中のリーダーたちは、理念やビジョンを掲げ、〝唱和〟することが本当に大好きだ。ときとして、理念のバーゲンセールみたいになっているリーダーがいるほどだ。「顧客第一主義を……」や「お客様へ感謝の心を……」「ありがとうの気持ちを……」などと、大看板をオフィスに掲げることは悪くない。

しかし、実際に営業部の朝礼でリーダーの発言を聞いていると「さあ、来週は締切だ！　契約を取って取って取りまくれ！」と、まるで「お前は泥棒組織のリーダーか！」とツッコミたくなるようなエゴイストが大号令をかけているのだから笑えない。


そもそも、理念やビジョンが薄っぺら過ぎるのだ。

もっともらしいよそ行きの単語を並べて、受け売りの言葉遊びをしている。

理念もビジョンも、リーダー自身の腹に落ちていないのだ。

とすれば当然、部下の腹にも落ちるはずもなく、チームはすっかり冷め切っていくのである。

そもそも部下たちはその実現を誰も信じていない。リーダーの不透明で嘘っぱちな言葉にうんざりしているのだ。

リーダーがビジョンを実現させるためには、自分で自分を完全に説得しておくことだ。自分自身の口癖が本物になるまで徹底して魂に語り続けることである。

部下たちは、「言霊を信じているリーダーの言霊」を信じるのだ。

つまりは、「**誰が何を語るか**」ということである。

ポジティブな言葉が飛び交う文化をつくり、リーダーの信じる言霊の力でチームに幸運を引き寄せることができれば、チームの未来は明るくなる。

あなたが心から実現したいと信じる言霊を口癖にすれば、チームの明るい未来は開かれていくのだ。

戦い続けるために

言霊の力を甘くみるな。
リーダーの口癖はチーム内に伝染する。

14
私生活にまで入り込み、部下の人生に関心を持つ

「仕事とプライベートは別にしたい」という割り切った考えの部下が増えているという。個人主義の時代だ、当然の流れといえるだろう。とはいえプライベートを捨てて「仕事人間になれ」と、部下に強要したところで無理がある。

「レクリエーションや懇親会などはやめてほしい」「家庭のことには口をはさまないでほしい」と言うチームメンバーが多いであろうことは容易に想像できる。

もちろん、一個人への逸脱した干渉は、労務上の問題にもなりかねない。セクハラ、パワハラ、アルハラなども含め、過剰なおせっかいや業務時間外の強制的な拘束については トラブルの元になる。

しかし、世間の反論を承知のうえであえて言わせてもらいたい。

リーダーたるもの「部下の私生活にまで入り込み、部下の人生に関心を持て」と。

古今東西、いつの時代になっても、やはりリーダーと部下との距離は近ければ近いほど、チームは機能する。**リーダーと部下は家族以上に時を共にし、リーダーは部下に対して家族以上に興味を持つことが「強い絆」を生む**のだ。

だからといって、職場だけのビジネスライクな付き合いだけでも、信頼関係が築けないとは思わない。

むしろ、けじめのある指導を徹底するなら、プライベートには一切干渉しないマネジメントも悪くないのかもしれない。しかし、それには、限界がある。しかも、致命的な欠陥も潜んでいる。

今さら言うまでもなく、職場で起こるトラブルや業務上の課題の9割以上は、人間関係によるものだ。誤解や疑心暗鬼、逆恨みや足の引っ張り合い、恨みや妬み、それらは信頼関係の欠如により勃発する。

チームメンバーのそういった軋轢をすみやかに修復し、バランスよく調整して、日々改善していくことが〝リーダーの仕事〟であると言ってもいいだろう。

仲間同士の信頼関係をいかに構築していくかは、多くのリーダーが頭を悩ませている課題の一つだ。

チーム内に本物の家族のような信頼関係を築くには、どうしたらよいのか。

それにはまず、リーダーからの「ファンクラブ会員的なアプローチ」が必要不可欠なのである。

たとえば、部下全員の誕生日は知っているか。また、その誕生日に贈り物をしているか。プレゼントの中身もそれぞれの個性に合わせた意味のある「サプライズ」になっているか。

家族構成はもちろんのこと、子どもの年齢と名前は漏れなく知っているか。凝っている名前の漢字や読み方も、間違えないように暗記しているか。そして、家族の話題で声をかけ、関心を示しているか。

両親は健在なのか。健康状態はどうなのか。病状は知っているのか。同居なのかどうか。実家や故郷はどこなのか。仲は良いのか。奥様の実家との関係はどうなのか。彼女・彼氏はいるのか。付き合っている年数や関係の深さはどうなのか。うまくいっているのか。悩んでいないのか。相手の職業は何なのか。

趣味や休日の過ごし方など、部下の日常について理解しているのか。

住まいなどの通勤経路は把握しているのか。

出身大学や前職など、履歴書の内容は、頭に入っているのか。

というように、部下の「人生のすべて」に興味を持ってほしい。それこそ、〝おっかけ〟のように。

リーダーとして部下の個人情報に関心が持てなくて、その他のことがマネジメントできるはずがない。

知り得たプライベートな情報を、すべてリーダーが知っているということが大事なのだ。**「深く知りたい」という強い思いが、互いの信頼関係を強く結びつけ、やがて真のリーダーを育てていく。**

私は部下の情報を記憶する別の「フォルダ」を脳内に持っているらしく、データはその中にものの見事に保存されている。数百人分のデータを収納できる容量を誇れる理由は、私が特別な記憶力を持った天才であるからではない。

ただ、「知りたい」という欲求が強いだけだ。

私の営業所長・支社長時代には入社前の社員に必ずファミリーセッションを実施し、ご家族を食事会に招待していた。

表彰式、コンベンション旅行、バーベキューパーティー、スポーツ大会など、すべて家族同伴が大原則だった。

絶好の新規情報を収集できる場になることはもちろんだが、家族からの仕事への理解が深まり、のちの応援が得られるというプラス効果もある。

さらには、**リーダー自身の自覚の中に「家族も含めた部下への責任」が深まっていく、**というのが最大の効果だ。

リーダー自身の家族と部下、そしてその部下の家族も含め、すべてがあなたの「家族」だ。あなたはその家長（課長）なのである。

ビッグなリーダーになりたいと願うならば、今日からあなたも「ビッグダディ」を目指すのだ。

戦い続けるために

リーダーと部下との距離は近いほどいい。家族以上に時を過ごし、家族以上に興味を持て。

15 チームの流行語をつくる

リーダーがどんなに立派な方針を打ち出しても、それがチーム全体に浸透するとは限らない。では、どのようにすればリーダーの方針が部下たちへ浸透し、チームは繁栄していくのだろうか。

方針を浸透させるにはコツがある。それは、「チームの流行語をつくる」というベタな仕掛けだ。

一般的に流行語というのは、世相を反映する一つの「文化」である。

チーム内での流行語が、リーダーの方針を浸透させるキャッチコピーになっていたらしめたものだ。そのキャッチコピーは、チームの文化になっていくからだ。

方針が文化になり、隅々まで根付いたら強いチームになる。

リーダーは、その仕掛け人でありたい。

心に響く「チームの流行語」を次から次へと浸透させていけば、苦労することなく、理念・ビジョンや戦略・戦術などをチームへ溶け込ませることが可能になる。

たとえその言葉が、メディアからの受け売りや世間の流行語であったとしても、ポジティブにチームの方針を推進してくれるフレーズであれば、それはやがてチームオリジナルのキャッチコピーに進化していく。そして、プラスの効果を生み出してくれるのだ。

まだ私が駆け出しのリーダーだった90年代、長嶋茂雄監督のファンであった私は、ジャイアンツのスローガンを真似て**「スピード&チャージ」を連呼していた。**すると部下たちの間でも「スピード&チャージ」が連呼されるようになり、私自身が唖然とするほど積極的なチームができ上がっていった。

それ以前は、目標といえば「締切日までにギリギリ達成すればよいもの」という文化だったのだが、「目標達成は当たり前。い、か、に、早、く、達、成、す、る、か、が重要。しかも、常に高い目標に挑戦していく」という文化に変わっていった。

チームの実績が飛躍的にアップしたことは言うまでもない。

それ以来、私が率いるチーム内では数々の「流行語」が生まれ、方針が浸透していった。

たとえば、目標達成に向かって諦めずに頑張ってほしい部下たちへのメッセージとして、「**ホップ・ステップ・ネギップ**」というポスターをつくったとき、「ネギップ」というスローガンはかなり流行した。「ネバーギブアップ」を略して「ネギップ」である。

「ネギップ、ネギップ！」と唱和して気合を入れる部下がたくさん現れ、「ネギップで頑張る」は、チームメンバーの共通語となった。

「**ミッション・パッション・コミッション**」というのは、誰が言い出したのか、チームを超えて広く保険業界全体にまで広まっていった。使命感と情熱を持って、堂々とお金を稼いでほしい、と思っていた私にとっては、絶好のキャッチコピーとなった。

「**感動セールス**」も浸透した。「保険を売るんじゃない、感動を売るんだ！」と朝礼で叫び、勢いよく出かけていく部下たちの姿は、今でも脳裏に焼き付いている。

「**商品を売るな！　売り方を売れ！**」というのもあった。これは、お客様を紹介いただくためのフレーズとして、部下のハートをつかんだ。押し売りにならないようなコンサルティングセールスでお客様との信頼を築くキャッチとして有効だった。

「**保険は魔法。俺たちは魔法使いなんだ！**」というのも流行った。ここまでくるとアファメーション（肯定的な自己暗示）の世界である。

「**売ることが最大の貢献**」というフレーズもオフィス内に飛び交っていた。お客様や仲間への「貢献」を文化にしたかった私としては、まんまと上手くはまってくれた。

「**10冠王**」というフレーズも私が言い続けているうちに、部下たちが使うようになっていき、やがてチームは全国のコンテストで、本当に10の主要項目すべてで第1位になっていた。

「**ドリプレの神様**」や「**リクルートの神様**」などの神様たちも流行語として活躍してくれた。夢を叶えてくれるドリームプレゼントの神様がいる、一生懸命スカウトの仕事をしているとリクルートの神様が舞い降りる、という救いのある「迷信」も広まった。

「**生きているだけでラッキー**」というキャッチコピーは、チーム全体に「感謝」のキーワードを広めてくれることに役立った。

手紙などを真面目にお客様に出したり、細かい配慮のできる「**マメ男君**」という呼称も流行った。

「**リスクミュニケーション**」という造語もつくった。商談であと一歩踏み込めない営業マンのために、嫌われることを恐れずリスクをとってコミュニケーションをとれ、という意味の言葉だ。

口ばっかりで行動しない部下には「**ニセポジティブ**」や「**なんちゃって信念**」など、〝戒め〟となるような流行語も生まれた。

人のせいにしてばかりいる人を「**せい病**」患者、勘違いして仕事した気になっている人は「**つもり病**」患者と呼ばれるようになっていった。

「**ツイてる！　ツイてる！**」というフレーズは、チーム内で一世を風靡した。

これは私が麻雀を本格的に覚えた大学生時代からの口癖で、「ツイてる！　ツイてる！」を一晩中連呼し、勝ち続けたものだ。実は、長者番付で有名な斎藤一人氏の「ツイてる」がブレイクするずっと前から〝私の流行語〟だった。

チーム内では、みんなも挨拶代わりに使うようになり、契約があってもなくても「ツイてる！」、落ち込むような大きな失敗があったとしても「ツイてる！」の連発だ。くよくよと悩んでいる暇もなく、誰もが前向きになり、次の行動へ移せるよう気持ちを切り替えた。チームの打ち上げでカラオケに行けば、合いの手は「ツイてる！」

だったし、ついには私のオリジナルデザインにて「**ツイてるシール**」を発注するに至り、チーム全員に配付した。部下の手帳、携帯電話、名刺入れには、ベタベタとツイてるシールが貼られていたほどだ。

こうやって、かつてのチームの流行語を語り出すと切りがない。流行語の仕掛け人は、すべてリーダーである私である。

あなたのチームではどんなキャッチコピーが流行っているのだろうか。間違っても、ネガティブワードが流行語のように飛び交うチームでないことだけは祈りたい。

戦い続けるために

心に響くキャッチコピーをチームに広めて、リーダーの方針を浸透させろ。

16

「おもてなし」の温かい心がチームの氷を溶かす

チームを動かそうとするとき、どうしても「全体」を管理してしまいがちだ。しかし、**チームを成功へと導く指導法の大原則はマンツーマンである。**

全体へ号令をかけて鼓舞させるリーダーシップもたしかに必要だ。しかし、それはマンツーマンディフェンスがしっかりと構築できたうえでの話である。

マンツーマンの指導を嫌うリーダーには、トップダウンの命令が好きなお山の大将タイプ、人に興味のないエゴイストタイプ、面倒臭がり屋の怠け者タイプ、人柄がよくて真面目だが成り行き任せの学級委員タイプ、というような特徴がある。

共通しているのは、部下一人ひとりの現状がしっかりと見えていないことだ。仕事の進捗もつかめていないし、個別の業績もよく把握していない。部下が何に悩んでいるかも知ろうとしない。

それぞれの個性を活かすという発想がないのだ。

もっと言えば、**部下を人として見ていない傾向がある。**

感情に訴えるよりも、お金の力で部下を動かそうとする。いつも自分の個室に引きこもり、オフィスに出てきて部下に話しかけることはめったにない。そもそも部下に興味がないから、机上のデータだけで判断しようとする。

チームメンバーを一つの〝駒〟として見ているのだ。「右向け右」でチームが動くという幻想を信じ込んでいる。

部下はリーダーの言うことを聞く振りはできるだろう。面と向かってリーダーに逆らう部下も少ないだろう。だから、リーダーも騙されてしまう。

しかし、それではリーダーの伝えたいメッセージが一人ひとりへ浸透するわけがない。

業績低迷の原因は、部下との対話が不足していることにある。不足どころか、真のコミュニケーションはゼロに近い。

リーダーと部下との距離は遠のくばかり。現場がまったく見えなくなっているのだ。立派な「裸の王様」の一丁上がりである。


たとえば、部下の不満はいつもこうだ。

「リーダーは現場のことなんて何もわかっちゃいない」

「リーダーの方針は間違っている。理解できない」

「リーダーは上司にゴマばかりすって、私たちには関心がない」

「リーダーのことが嫌いだ。信用できない」

こんな状態でチームがうまく機能するはずがない。

現場をリーダーのその目でいくら確かめたつもりになっても、**見えているのは実態ではない。虚像だ。**

現実を知りたいなら、一人ひとりの部下と密なコミュニケーションをとり、情報を収集することだ。

部下に対する意識レベルを上げてほしい。先回りした気遣いや思いやりが人心を掌握するのだ。

私はそのために、定期的にコミュニケーションをとってきた。最低でも週に1回ないし2回は曜日や時間を決めてチームメンバー全員と個別に面談をしてきた。

営業所が27名に膨れ上がったときも、毎週実施してきた。その綿密な準備と他の業務へのシワ寄せを防ぐために、オフィスに泊まり込んだこともあったほどだ。

たとえそれが一人につき1時間という限られた時間であったとしても、リーダーは全身全霊で部下と対峙し、「おもてなし」しなくてはならない。

大切なのは〝質〟である。決して形式にとらわれてはいけない。

リーダーは愛のあるコミュニケーション術を駆使して、チームのコンシェルジュを目指すのだ。

その際には、**個人個人の事情や特性をすべて理解したうえで、精一杯の「おもてなし」を提供してほしい。**

事前準備として、まず個別データを揃えること。そのうえで根拠のある指導をすることだ。

そして、その中から、現在の課題を見つけ出すヒントを与え、答えは部下自身で気づかせるように誘導することだ。決して下手に出て媚びたサービスを提供してはいけない。

いわゆる「レビュー」を実施するのである。レビューを辞書で調べれば、再考、復習、講評、点検などという意味が出てくる。

「おもてなし・レビュー」という最大のサービスを提供し、部下を丸裸にするのだ。表もなければ、裏もなし。

定期的に表も裏もないレビューを実行すれば、部下との距離は縮まり、チームはよい方向へと動き出す。

悩みの深い部下にはカウンセリング、もっと成長してほしい部下にはコーチング、仕事に貪欲な部下には秘伝のティーチングが必要だ。

このひと手間こそがリーダーの思いやりなのである。

戦い続けるために

リーダーはチームのコンシェルジュであれ。先回りした気遣いや思いやりが人心を掌握する。

第3章

教える・任せる・育て上げる

17

部下の「仕事と人生」をイコールにさせる

成功しているチームに対して、周囲の人たちがやっかみ半分にからかう共通した陰口がある。

高い業績を挙げ続けているからこそ、周りから妬まれるのだが、その陰口とは、チームに対しては「宗教っぽいよね、あの人たち」という僻《ひが》み、リーダーに対しては「教祖様みたいだよね、あの人」という嫌味である。

リーダーが高い理想を掲げ、それを現実に変えるために、強い信念を持ってチームを一つの方向へ動かそうとするとき、それらは「理念」となってチームへ浸透していく。

ここでいう理念とは、いわゆるオフィスの壁に掲げているだけのお飾りの企業理念のことではない。

ときどきお題目のように、朝礼で社員が声を合わせ〝唱和〟している組織を見かけるが、概ね部下たちの目は死んでいる。心に落ちていないケースが多いのだ。

理念経営がチームに良い成果を生み出すことは、もはやビジネスでは常識となっているのだが、「利益追求型」の人たちからすると、そのロジックは頭では理解できても受け入れがたいようだ。

理念もなくバラバラに働いている人たちからすると、「信頼関係のもとにまとまっているチーム」に対して、カルト的な〝不気味さ〟を感じるのだろう。

彼らにとって「志」で構成されたビジネスなど、到底信じられるものではない。世の中のビジネスは、「金」がすべてであると信じ込んでいるからだ。

利益を生み出せないビジネスの存在価値は、所詮、ボランティアに過ぎないのかもしれない。

しかし、ビジネスにも「ボランティア精神」は必要なのではないか。判断基準は「目先の利益」だけではないだろう。

世の中の役に立っている、社会に貢献している、といった「使命感」なくして、部下が真の意味で動機付けられることはない。

チームの経営者であるリーダーが最も大切にしなければならないのは、インテグリティ（高潔さ）に基づいた「ソーシャル・モチベーション」である。それには、まずリーダーが高い志を持っているかどうかにかかっている。

様々な価値観を持っているチームメンバーを強引にまとめようとするリーダーはことごとく失敗する。いくらインセンティブや人事で釣ろうが、厳しい罰則で脅そうが、つまるところ、一時的な効果しか表れない。

正しいベクトルに向かってチームを結束させるためには、「理念浸透」をおいてほかにない。

リーダーの仕事の9割は、理念浸透だ。

リーダーがときに涙して理念を唱え、部下は感動で胸を熱くする。単にビジネスの世界だけにとどまらず、ときには部下の私生活にまで入り込み、**「仕事」と「人生」をイコールにさせられるかどうかが決め手になる。**

そのために、部下の師匠となり「教え」を徹底的に伝えることである。毎日毎日、お経のように唱えるのだ。毎分毎秒、理念に基づいた判断を下し、指示し続けるのだ。

2004年に出版した『どん底営業チームを全国トップに変えた魔法のひと言』

（日本能率協会マネジメントセンター）でも書いたが、私が100名以上の組織を率いて支社長を務めていたころに口にしていた経営理念というのは、生命保険事業という社会貢献活動を通じて「**働いている社員が精神的にも経済的にも豊かで、働いている社員とその家族が、周囲の人たちにも自慢できるような誇りある素晴らしい会社にする**」だった。

部外者が冷静に聞けば、それは何も心に響かない美辞麗句でしかないのかもしれない。

しかし、それを毎日、お経のように唱え浸透させていくうちに、それまでは毎月の営業目標を達成できなかったどん底集団だった支社が、全国チャンピオンとして表彰されるまでに成長したのだ。

すべての項目で一番になり、主要項目を制覇する「10冠王」にも輝いた。

当時、書籍の元となった「成功への階段シリーズ」と名づけたそのメッセージ集は、チームメンバーのバイブルとなって、さらにその教えは浸透していった。

それまでのチームには、「何のために？」という教えが何もなかった。

「やれと言われたからやる」「会社から言われた目標はやることが義務」というよう

に、大義もなく走らされていたために、部下たちの心は疲弊していたのだ。

そこに、**「何のために？」「誰のために？」という意義が加わり、「仕事＝人生」という教えが瞬く間にチームへ「命」を吹き込んだ。**

リーダーは部下から自然に「師匠」と呼ばれるメンターになれたら本物だろう。冗談半分でもかまわない。「課長」ではなく「師匠」と呼ばれたい。「支社長」ではなく「師匠」と呼ばれたい。

「師匠」と呼ばれたとき、その信頼関係は、揺ぎのない絆となって、チームを動かすうえでの軸となっていくことだろう。

リーダーの最大の仕事とは、部下のモチベーションに火をつける本物のメンターとなり、チームに理念を浸透させていくことなのである。

戦い続けるために

師匠として教えを伝えろ。部下のやる気を点火する本物のメンターであれ。

18 「自分マニュアル」を部下に潔く公開しろ

会社が用意している既製のマニュアルほど、つまらないものはない。ほとんどの場合、形骸化していて実践では使えないからだ。

実態からかけ離れ、体裁を整えた無難なマニュアルなど、現場の第一線で働く社員たちから見たら、紙くず同然だ。

では、マニュアルがないまま、部下たちの我流に任せるだけで、本当に高い成果を出し続けることができるのだろうか。

もちろん、それでは生産性は上がらない。

やはり、実践的なマニュアルが必要だ。

とくに最近の若い社員には〝マニュアル君〟が多い傾向がある。

言われたことはきちんとやるが、主体的に取り組む、工夫して応用する、という能力が著しく欠如している。しかも、論理的に納得させないと動かない傾向があり、一筋縄ではいかない。

彼らが求めているのは、〝頼れる〟参考書や、〝信じられる〟教科書だ。

となると、リーダー自身が熟知しているオリジナルのマニュアルが必要不可欠となってくる。それも、確実に役に立ち、時代の最先端を行く情報の詰まった「優れもの」でなければならない。どこにでもあるようなありきたりのマニュアルでは、興味を持たれない。

チームメンバーのやる気のスイッチを入れるマニュアルをつくるのだ。

経験に基づいて蓄積されたあなたのナレッジ、実践で鍛え抜かれたあなたのスキル、血の滲むような体験で得たあなたのマインド、そのすべてを部下に公開するのだ。わかりやすく言えば、これまでの〝自分そのもの〟がマニュアルになったと思えばいい。

部下は、**日々直接指示するリーダーから、納得のいく「考え」を知りたいのだ。**受け売りばかりでは説得力に欠ける。

磨き抜かれたリーダーの「美学」は、やがて、チームの「美学」となって輝いていくのだ。

たとえ、どれだけ苦労して積み重ねてきた大切な財産だからといっても、出し惜しみは控えなければならない。

「チーム＝自分の分身」であるという気持ちがあるのなら、すべて出し切れるはずだ。〝ケチくさい〟リーダーに待っているのは停滞である。

たとえば、私が外資系生保で支社長を務めていたときは、何でもかんでもマニュアル化していた。

心構えを説くマニュアルとして「成功への階段シリーズ」という200ページに及ぶ冊子を部下全員に配付していた。私からのメッセージ集である。

毎朝の読み合わせはもちろん、そのマニュアルの存在が、部下たちの精神的支柱となったことは間違いない。それは後に、一冊の書籍になったほどだ。

お客様への手紙の書き方ひとつをとっても、オリジナルのマニュアルをつくっていた。

様々なタイプのお客様に対し、各プロセスの段階別にレターの書き方を組み合わせた数十種類に及ぶ大作だ。タイトルは、ズバリ「マメな男（女）は、モ・テ・る」だった。部下たちへ与えるインパクトも重要である。

販売マニュアルに至っては、スクリプト（台本）を作成し、一語一句、丸暗記してもらった。

私が登場するビデオや、車の運転中にも私の声を聴くことのできるテープやＣＤも準備していた。

私自身のコピーができ上がる仕組みである。

部下一人ひとりの個性は、尊重しなければならないが、考え方や技術は、誰を見ても、どこをとっても、リーダー自身のコピーでよい。

あなたがチームをより発展させたいと願うリーダーであるなら、部下がリーダーを信じてついていこうと思える「聖書のようなマニュアル」を制作してほしい。

戦い続けるために

ナレッジ、スキル、マインドのすべてを伝播させれば、それがチームの「美学」になる。

19 チームのたるんだ贅肉はトレーニングで絞り切れ

リーダーとして、常に現状分析が必要不可欠だ。

不振の原因は必ずある。チーム全体にもその原因はあるし（ほとんどはリーダー自身の問題であることが多いが）、もちろん、個々の部下にも原因はある。

ところが、ろくに問題と向き合おうとせず、いつまでも精神論を振りかざしているリーダーがいる。

ダメな原因は「部下が頑張っていないから」と思い込み、「頑張れ、頑張れ！」と叫ぶ〝努力を強要するリーダー〟が多いことは実に残念だ。

いくら頑張ったって〝無駄な努力〟というものがある。

たしかに努力は尊い。努力を否定するつもりは毛頭ないが、ただ努力すればいいというものではないだろう。

そもそも頑張ることは当たり前なのだから、チーム内において「頑張れ」とか「頑

張ります」という言葉は禁句にすべきだ。

誰もが心地よいと感じる「頑張る」という言葉は、自己満足、言い訳、言い逃れ、正当化、負け惜しみなどの温床になりかねない。

リーダーは、そのぬるま湯の〝頑張るゾーン〟へ部下を逃がしてはならない。そこから部下を引っ張り出して、徹底的にリーダー主導の虎の穴で鍛えてあげてほしい。日々、トレーニング、トレーニング、トレーニングで育て上げるのだ。

といっても、ただ単に根性を鍛える訓練を実施するのではなく、**しっかりとしたデータに基づいた根拠のある指導法で問題を解決するのだ。**

繰り返し部下と向き合っていくことは、リーダーにとってそれ相応の覚悟と根気がなければ長続きしない。

口先だけの根性論では、スランプという名の脂肪は消費できない。チームの贅肉はトレーニングで絞り切るのだ。

たとえば、営業の現場において、ロールプレイを嫌う部下は多い。

ロールプレイをやらせるリーダーも逃げ腰になりやすく、「ま、いいか」と先延ばしになりがちだ。

リーダーはまずそこから逃げてはいけない。

最初は、トレーナーでもあるリーダーが見本を見せる。やってみせるのだ。

「これは素晴らしい」と納得できるロールプレイでなければ部下はやる気にならない。しかも、誰でも真似できるベーシックな中にもそのリーダー特有のスキルが詰まっていなければ、勇気を与える武器にはならない。リーダー自身のトークも錆びつかないよう、常にスキルを磨いておくことが必要だ。


次に、ロールプレイのポイント一つひとつについて、わかりやすい解説を伝えたい。腹に落ちるまで言って聞かせるのだ。

それによって**「私にもできそうだ」「これから良い結果に結びつきそうだ」と、部下は励まされ、自信を持って一歩踏み出すことができる。**

「やってみよう」という気にさせることが大切だ。


そして、実際に目の前で部下にやらせてみるのだ。リーダーのつくったシナリオと同じように演じさせるのである。一語一句同じトークになるようなレベルを目指したい。何度も何度も繰り返し、映像に撮って、本人に確認させるのもよい。

その際には、〝リハーサルのためのリハーサル〞にならないように、本番さながらのトレーニングが必要だ。

真剣勝負になるかどうかはリーダーの心構え次第。リーダーが中途半端なら、部下も中途半端になる。甘えを許さない厳しいスタンスを崩さないことが肝要なのだ。

最後に、フィードバックだ。項目別に客観的な強み・課題などを記載できるシートをあらかじめ用意しておくといい。ただし、改善すべき指摘事項は、3つまでに限定すること。決して一度にあれもこれも矯正しようとしてはならない。

大前提は褒めることだ。部下の動きにブレーキをかけているのは恐怖心である。だから、褒めて褒めて元気と勇気と希望を与えるのだ。

やはり、褒めてやらねば人は育たない。

博学のあなたなら、もうトレーニングの大原則に気づいたことだろう。

そう、ロールプレイの4段活用はあの連合艦隊司令長官・山本五十六の「名言」を思い出し、実行していけばうまくいくのだ。

ところが昨今、育成の重要性を唱えながらも、実際には具体的なトレーニングを実行に移していないリーダーばかりである。

会議やミーティングは好きだが、トレーニングは二の次、という残念なリーダーに明日はない。トレーニングで汗を流さないチームに、明るい未来は訪れないのだ。

そもそもリーダーシップの原理・原則というのは、リーダーが部下に対して「やってほしい」と思っていることを、部下に「やりたい」と思わせることだ。

トレーニングを通じて動機づけを図ることができれば、部下の情熱を掻き立てることができる。

そうなれば、今までは億劫に感じていたトレーニングでさえも楽しめるようになり、チームの贅肉は意欲的にダイエットできるのだ。

戦い続けるために

データに基づいた根拠ある指導法で課題を解決する。
口先だけの根性論では、
スランプという脂肪は消費できない。

大事な仕事ほど部下に任せる勇気を持て

20

誰でも人から頼られるのは嬉しいものだ。

何を隠そう私も人に頼られると嬉しくて、ついつい張り切ってしまう。最近の私が頼られるケースというのは、「お悩み相談」が最も多いのだが、かなり時間的な負担になっている。

たとえそれが相談者と直接会うことのないメールや電話であったとしても、忙しいときに丁寧な回答を返していくのは、それなりに労力を使う。

しかし、決して悪い気はしない。むしろ頼られていることに心の底では「喜んでいる自分」がいるほどだ。

前職の国内大手生保では、変革の本丸である本社の統括部長として招聘され、歴史的大改革のコンサルティングを任された。

一年足らずという短期間でのプロ契約であったが、北は北海道から南は九州まで〝全国ダーツの旅〟のように飛び回り、研修講師を務めてきた。まさに各部署、各支社から引っ張りだことはこのことだろう。

1万人以上の社員から「必要とされている」「期待されている」ということが、こんなにも大きなやり甲斐になるのかと、半世紀以上生きてきて改めて気づかされた。

人間というのは、他人から頼られて初めて自分の存在価値を知るのだ。

そのように頼られることの多い私であっても、実は「できないことだらけ」なのだ。私のできることはかなり偏っている。誰かに頼らないと生きていけないし、仕事も捗《はかど》らない。

今の時代に暮らしていながら、パソコンなどのＩＴ関係が苦手だ。字が下手くそなので、できるだけ文字は書きたくない。資料づくりなどのデザインのセンスもなく、そもそも面倒臭がりだから細かい事務作業は苦手だ。実はお勉強も好きではないから、あらゆる分野においてまだまだ知識不足である。

というように、数え上げたら切りがないほどできないことだらけなのだ。

だから、いつもいろいろな人に頼りまくっている。

実は、私は部下に甘える達人なのだ。信じて任せることで今の地位を築いたと言っても過言ではない。助けてもらってきた部下たちには心から感謝している。

あなたはどうだろうか。リーダーだからといって、何でもこなせるわけでもないだろう。にもかかわらず、部下の前では〝虚勢〟を張っているのではないだろうか。リーダーだからといって完璧なわけではないのに、頑張り屋のリーダーほど、仕事を抱え込む癖がある。

所詮、リーダー単独でこなせる仕事量なんてたかが知れているのだから、自分個人の力を過信せずに、どんどん部下に任せたほうがよいのだ。

部下にもっと頼ったら楽になるし、部下のほうも〝意気に〟感じて喜んでくれる。何よりも仕事を任せることで部下は成長するのだ。

仕事を任せれば任せるほど部下は伸びる、そして何よりリーダー自身も伸びるのだ。

もし、虚勢を張っているのでないとすれば、きっとあなたは部下を信じていないのだろう。だから我慢できずに、仕事を自分でさっさと片づけてしまうのだ。

チームを成功に導きたいと思うのなら、まずは信頼できる参謀づくりが急務だ。全体のバランスなどを考えずにえこひいきでかまわない。平等になどと配慮ばかりしていたら抜擢はできない。

その場合、気を付けてほしいことは「チームメンバー全員が納得する采配《さいはい》を振る」ということだ。

こそこそした〝密室の人事〟ではなく、**なぜその仕事をA君に任せたのか、堂々と全メンバーの前でも公表できる明確な理由がなければならない。**

何をやったところでやっかみや妬みが付きまとう。だからといって、陰でこそこそと密約を結べばすぐに見抜かれ、チームメンバーの不信感を生む。その積み重ねがチーム内の不協和音となっていくのだ。

たとえば、次のように公表するといい。

「私が窓口になって取引してきたこの大口の取引先は、今後はA君に任せることにしよう。まだ入社して3年目のキャリアであるが、A君は今や支社のナンバー1の売上を誇っているからだ」

「次のプロジェクトリーダーは、私の代わりとしてBさんに全権委任したい。女性がリーダーを務めるのは当部署では初めてであるが、Bさんはお客様からのアンケート評価が最も高いからだ」

さらに、A君やBさん本人に対しても「選んだ理由」の説明が必要だ。

その際には、昇給・昇格・査定などの具体的なメリットも説明し、その仕事の重要性や将来性、チームへの貢献度など、やる気にさせる要素をできるだけ付け加えることも重要である。

部下にしっかりと「意味」を納得させることが、仕事を任せる第一歩だ。

そして、部下に任せた仕事が成功したときには、感情を込めて大げさに喜んであげてほしい。まるで自分のことのように狂喜乱舞するのだ。

もしも、部下に任せた仕事が失敗に終わったときの責任は、リーダーが潔く取ってほしい。

決して積極的な失敗を責めてはいけない。ましてあなたが任せた仕事である。

結果だけではなくプロセスも評価し、部下が安心して失敗できる包容力で「見守る」ことである。

大事な仕事であるほど、部下に任せる勇気がほしい。

口を挟まずにとことん「任せ切る」姿勢を貫くことができれば、リーダー自身にとっても本来取り組むべき仕事に集中できるというメリットが得られる。

いつも「忙しい、忙しい」と嘆き、肝心の業績が改善されないリーダーの問題点は明らかだ。業務を抱え込み過ぎるあまり、優先順位づけが正しくジャッジできていない、ただそれだけのことなのである。

経営判断や戦略立案など、本当に「リーダーしかできない仕事」だけに専念すれば、次世代リーダーの部下を中心としたチームづくりが容易になる。

あなたのＤＮＡは「任せる」ことで増殖していくのだ。

戦い続けるために

リーダー一人の力なんてたかが知れている。任せれば任せるほど部下は伸びるし、リーダーも伸びる。

21

できると信じて任せるリーダーを、部下は信じる

本当に部下のことを思い、毎日毎日、一生懸命に指導しているリーダーがいる。

部下には、活躍してほしい。成長してほしい。出世してほしい。そう心から願っているリーダーがいる。

愛も思いやりもいっぱいの優しいリーダーがいる。

その気持ちに偽りはない。彼らリーダーが常に試行錯誤を繰り返し、悪戦苦闘している姿は涙ぐましいほどである。

にもかかわらず、部下が育たない、チームの発展もままならない、というリーダーがいる。

そんなリーダーの悩みは深刻である。

それは、なぜなのだろうか。いったい何が足りないのだろうか。

結論から言おう。それは、リーダーが「部下を信じていない」からだ。

誤解しないでほしい。私は、あなたが部下を信頼していないと言っているわけではない。おそらく愛のある師弟関係で固く結ばれているはずだ。私はあなたの真面目な取り組み自体を疑っているわけでもない。

あえて私は、あなたの心の底の底の底の底の深層心理を覗《のぞ》いたうえで、問いたい。

あなたは本当に「部下が『絶対できる』と信じているのか」ということを。

あなたは本当に「部下の可能性を『100％』信じているのか」ということを。

たとえば、部下に課せられた高い月次目標を100％達成する、ということを信じているのか？　ということである。

心のどこかで「できないかも」と疑いながら、指導しているのではないだろうか。

「君ならできるよ」と励ましてはいるものの、〝心のどこかで〟その言葉に嘘を感じているのではないだろうか。

だから、常に部下の勝利を疑いながら、口やかましいほどに心配しているのではないのか。

きっと期待はしていると思う。応援もしているだろう。でも、本音は「どうせダメだ」と諦めているのだ。

部下が育たないのは、あなたの思考がそのまま現実化しているだけだと思ってみてほしい。

ときには、「できないかも」「できなかったらどうする」「できなくても仕方がない」などと口走っていないだろうか。

本音がポロリとこぼれてしまうのは、心のどこかで達成を疑っていたり、成功を信じていないからだ。

そのような「後ろ向きな発言」を、リーダーは口が裂けても漏らしてはいけない。

リーダーが部下を信じて諦めなければ、部下もまたリーダーを信じて諦めない気持ちになれる。

もっと言えば、諦めないというより、「裏切れない」という思いにかられる。「引き返せない」という強い思いだ。

それはそうだろう。心から自分を信じてくれているリーダーがすぐそばで見守ってくれているのだから、絶対にリーダーをガッカリさせたくない、絶対にリーダーを喜ばせたい、絶対にリーダーの信頼に応えたい、そう思うはずだ。

できると信じて任せてくれるリーダーにだけ、部下も信じてついていこうと思うのだ。

そのとき部下は、**「リーダーが信じてくれている『この自分自身』を信じてみよう」という気持ちを同時に持つ。**

かつて私が率いていた外資系生保の名古屋支社では、いつもチームの中で最後の最後まで諦めないのが、リーダーである私だった。

往生際が悪い、執念深いということなのかもしれないが、本当に部下からは「最後の最後まで諦めないのは、やっぱり早川支社長ですね」とよく言われた。

心底信じて信じ抜くと、奇跡が起きる。常識では計り知れない奇跡が次々と起こるものだ。

世の中には「2・6・2の法則」という有名な法則がある。どんな組織であっても（学校でも、事務職でも、製造業でも、営業でも）優秀な上位2割と平均的な6割と働きの悪い2割に分類されてしまう傾向がある、というパレートの法則だ。

あるとき、その常識を思いっ切り覆す「奇跡」が私の支社で起こった。

厳しいことで有名な生保営業の世界だ。皆が上位入賞するということは、まず考えられない。ところが、ある月のキャンペーンにおいて、営業マン96名中95名が「入賞」するという前代未聞の奇跡が起きたことがある。

月初に私が「全員入賞させる」という方針を発表したときは、誰もが「無理だ」と信じてくれなかった。

しかし、私は信じていた。彼ら一人ひとりを信じ切っていたのだ。

ただ、残念なことに一人だけ、あとちょっとのところで達成を逃がしたS君がいた。私は一人だけ未達成だったS君へ、翌月に密着した指導を繰り返し、家庭訪問まで実施した。そして、ひと月遅れではあったが、S君も入賞基準をクリアすることができた。

結果的に、見事全員入賞だ。

部下を信じていないリーダーというのは、諦めが早いのが特徴的だ。だから、すべての指導が中途半端になる。あの手この手を使って諦めずに取り組もうという指導ができない。

はじめから「ダメだ」と思っているのだから、リーダーのパワーが半減してしまうのも当然だ。「部下を信じる力」が足りないのだ。

自分のことを「絶対できる」と心底信じてくれているリーダーがいる、ただそれだけのことで、部下はどれだけ心強いかわからない。

だから、まずシンプルに「できる」と最後の最後まで信じてあげてほしいのだ。

部下のポテンシャルを信じてほしい。

部下の人間力を信じてほしい。

部下の可能性を信じてほしい。

部下の「リーダーを信じる力」を信じてほしい。

そして、部下の「自分自身を信じる力」を信じてほしい。

戦い続けるために

「できないかも」と口が裂けても言ってはいけない。
リーダーが部下を信じて諦めなければ、
部下も自分を信じて諦めない。

22

部下に「なぜ？」と原因を追及してはいけない

部下が失敗を犯したとき、「なぜ？」「なんで？」と追い詰めてしまうリーダーがいる。

とくに、部下に〝任せた仕事が失敗したとき〟は尚更だ。任せた責任は棚に上げ、「俺がやっていたら、うまくいったはずだ」という悔しさも相まって、「なぜ、できなかったんだ？」と部下を責め立てる。

あなたも部下の失敗に対し、「なぜ、こんなことをしたんだ！」とついつい非を責め立ててしまうことがあるのではないだろうか。

見方を変えればその行為は、ミスの原因や未達成の責任を追及し改善を図ろうとする真剣な指導に見えないこともない。

しかし、「なぜ？」と問い質《ただ》されている部下にとっては、イライラしているリーダーから「責められている」としか感じていないはずだ。

「なぜだ？　なぜだ？」と追及されても委縮していくだけだ。部下だって自分のやり方が間違っていたことくらいすでにわかっている。なぜと聞かれて〝理由〟を答えれば、「それは言い訳だろ！」とリーダーの怒りを倍増させてしまうこともわかっている。だからといって〝尋問〟に答えないでいると「言い訳もできないのか！」と叱責されることもわかっている。

部下にとっては三重苦である。

「なぜ？」と問い詰められている部下のストレス度は最悪だ。ますますやる気を失う瞬間でもある。


「なぜ、今月の売上が達成率70％なんだ？」

「なぜ、大切な取引先の納期を間違えたんだ？」

「なぜ、こんな問題を起こしたんだ？」

「なぜ、ミスったんだ？」

「なぜ、彼なんかに任せたんだ？」

「なぜ、あんな無謀なチャレンジをしたんだ？」

「なぜ、こんな大事な約束を忘れたんだ？」

まるで取り調べをする刑事のようなリーダーがいる。

要するに、失敗の原因を探るための〝裁判〟をしているのである。誰かを悪者にして、判決を下したいのだ。

重要参考人である部下にすべての責任を擦《なす》りつけ、「俺は共犯じゃない」という証拠集めをしたいのである。

そもそも、リーダーは刑事ではない。裁判官でもない。

犯行の動機について探ったところで、すでに終わったことだ。もう過去には引き返せない。

部下にカツ丼を食べさせたところで〝真相〟は闇の中。永久に見つからない。たいていは迷宮入りだ。

まだやり直して挽回できるのであれば、徹底的に原因を追及してもいいが、無駄な〝尋問〟は部下にとってもチームにとってもマイナスでしかない。

良いリーダーは悪い結果を受け入れる度量があるが、悪いリーダーは良い結果しか

受け入れることができない。

部下の悪い結果を今後のチャンスとして捉えられるかどうかが、チームを成功に導けるかどうかのカギを握っている。

これはリーダーとして「力」をつけるチャンスでもある。

そう、ダブルチャンスだ。部下の失敗から生じた「気づき」や「教訓」を、部下と自分自身のこれからに活かすことが、リーダーの仕事である。

それを実行するために、**未来にベクトルを向けた「前向きな質問」によって、具体的な改善策を引き出すことだ。**


「今回の失敗で新たに気づいたことはなんだ？」

「その問題を二度と起こさないためには、どんな取り組みが必要だろう？」

「このミスから得たヒントを具体的にどう次に活かす？」

「次回は、どんな戦略で、目標達成を目指す？」

「再チャレンジの具体的な計画はどんなふうに立てたらいい？」

「次に彼に任せるときは、どんなアプローチがいいかな？」

「成功させるための対策は何かあるのか？」

部下に「事件の真相」を、自ら気づかせることがリーダーの仕事である。

「誰が悪いのか」ではなく、「どうすればうまくいくのか」を一緒に考えるべきなのだ。

必要なのは更生へのストーリーだ。5W1Hに基づき具体的に道筋を描くことである。

すぐにできること。

誰にでもできること。

ワクワクできること。

希望の持てる建設的なコミュニケーションでしか、部下はついてこないと思え。

戦い続けるために

「なぜ?」という質問を、「どうする?」に変えて、明るい未来のための創造力を掻き立てろ。

23

部下を責めているうちは、名将になれない

リーダーが罹《かか》りやすい難病がある。それは「せい病」だ。もちろん、病院へ通っても治らないほうの「せい病」である。

いつも「部下が悪い。部下のせいだ。自分のせいじゃない」と言っているリーダーが陥っている病気のことだ。

残念なことに「部下のせい」が口癖になっているリーダーは少なくない。

あちこちから耳に入ってくるのは、「あいつが悪い、こいつが悪い」「あいつさえいなければ」「こいつがもう少しちゃんとやってくれたら」という悪口にも聞こえる「他責」「押し付け」のオンパレードである。

チームの業績不振の原因はすべて部下にあると、完全に信じ込んでいるのだ。

「せい病」に罹っている状態のリーダーには、自分は何をすべきだったのかという反省がまるでない。

はじめから「打つ手がない」と諦めているのだから、そんなリーダーが率いるチームの問題は一生かかっても解決しないままだ。

私は生保業界で長年、支社長職を務めてきた。私のもとには「営業所長」と呼ばれるリーダーたちがいた。彼ら営業所長は10名から20名のチームメンバーを束ねている。彼らから上司である私に対し、定期的に業績報告をする機会があるのだが、低迷が続いている営業所長とのミーティング内容というのは、「部下の悪口」ばかりだった。残念ながら営業所長自身の反省の言葉を聞けることは少なかった。

そのとき私から彼らに対して、突き放すように言ってきた言葉はこうだ。

「それがどうした?」「じゃあ、俺たちは何をしたらいいと思う?」。

大事なのは、〝リーダー自身が何をしたのか〟〝リーダー自身が何をするのか〟なのである。

部下を責めているうちは、名将にはなれない。

プロ野球の世界でも、名将と称され何度も優勝を経験している監督は決して選手の悪口を言わない。

巨人の原辰徳監督や中日の落合博満元監督から、選手批判を聞いたことがない。しかし、勝てないチームの監督からは、敗戦の責任を選手個人へ押し付けたような発言が目立つ。

リーダーの「せい病」を治せば、必ずV字回復の兆しが見えてくるはずだ。

たしかに未熟な部下もたくさんいるだろう。そんなチームメンバーの問題を正しく認識しておくことは、リーダーとして大切である。

しかし、問題点をあげて悪口を言っているだけなら、誰でもできる。

それは単なる愚痴だ。

「ダメな部下を持っている可哀相なリーダー」であると同情を誘いたいのか、それとも、自分の評価を下げないために部下を〝生けにえ〟に捧げているのか。

育児放棄している親のように、育てることを放棄し、部下のせいにしているとしか思えない。

自分の失敗を部下のせいにするなんて、もってのほかだ。チームの不振はリーダーの自己責任なのである。部下の失敗はすべてリーダーの責任だし、リーダーの成功は部下の手柄、チームの成功は部下の功績なのだ。大昔からこの大原則は変わらない。

やはり、リーダーにとって大切なキーワードは「インテグリティ（高潔さ）」。しっかりと部下の真実を受け入れたうえで、できる限りの育成をし、ベストのチームマネジメントを行ってほしい。

あなたには部下の親代わりとして120％の愛情を込め、育成していく責任がある。リーダーに謙虚さがなければチームの成長はあり得ない。部下への愛情がなければ、チームの繁栄はあり得ないのだ。

私は今までたくさんの重症患者を診てきた。なかには完治・再生したリーダーもいたが、根治させるのは容易ではない。

完全治癒したと思いきや、油断しているとすぐ〝再発〟する。「せい病」は、責任転嫁という病原菌が常に潜伏している恐い病気だ。

責任転嫁の対象は部下だけにとどまらず、会社のせい、商品のせい、景気のせい、家族のせいというように、広い範囲で慢性化していることもある。

ウイルスがチーム内に伝染しないよう気をつけなければならない。

まず、自分は「せい病」を発症しているのだというリーダー自身の自覚が必要だ。

ここで、悩めるリーダーであるあなたのために、私から「せい病」を根治させるためのメッセージを贈りたい。処方箋になれば幸いだ。

それは、「被害者はあなたではない」という真実のメッセージだ。

本当の被害者はチームメンバーであり、あなたはれっきとした「加害者」なのだ。

すべてはあなたに責任があるのだ。その責任を負える人物だけが「リーダー」を名乗る資格がある。

あなたにもリーダーとしての良心があるはずだ。日々、自分の「罪」を償いながら、よく反省してほしい。実践的で具体的なリーダーの行動によって、自分の犯した部下への罪や過失を償ってほしい。

部下への育成を通して罪滅ぼしを実行するのだ。

マネジメントを続けていくことは、贖罪の旅に出ることと同じなのだ。

戦い続けるために

部下の失敗はすべてリーダーの責任。「せい病」を根治させれば、V字回復できる。

24 リーダーの人格がチームの品格を育てる

チームというのは、リーダー自身をそのまま映し出す「鏡」であると、第1章でも述べた。

といっても、その鏡というのは、実はただの鏡ではない。

それは「合わせ鏡」だ。

鏡に映った鏡の中には鏡が映り、その中にまた鏡が映る、という具合に、鏡の中のリーダーの「人格」は良くも悪くも無限の連鎖を引き起こし、チームの「品格」となっていくのだ。

リーダーが明るく元気でポジティブなら、チームメンバーも明るく元気で、周囲に活気を与えていく。

リーダーが真面目で働き者なら、チームメンバーも真面目によく働き、勤勉な文化が構築されていく。

リーダーが目標達成型なら、チームメンバーも諦めずに目標に向かっていき、成果を出していく。

反対に、リーダーが暗くて陰湿な性格だと、チームメンバーもおとなしくて、活気がなくなっていく。

リーダーに覇気がなければ、チームメンバーのモチベーションも上がらず、組織の腐敗が進行していく。

リーダーがネガティブなら、チームメンバーからも後ろ向きな発言が増え、陰口・悪口などが横行し始める。

チームの品格とは、まさにリーダー自身の人格そのものなのだ。

善悪の判断とは関係なく、リーダーの人格に疑問を覚える部下は自然に離れていくし、リーダーの人格に引き寄せられた部下たち同士は、いつのまにか共にチームカラーを形成していく。

まさに鏡のように、リーダーのメンタルや言動、キャラクターやパーソナリティーがそのままチームのカラーになっていくのだ。

だからといって、私は別にリーダーと似たもの同士を集めて、仲良しクラブをつくれと言っているわけではない。ここが大きな勘違いをしてしまいがちなところであり、成功と失敗の分かれ目とも言える。

スキルや持ち味などは、様々な強み弱みを持ったメンバーが集まっているチームのほうが、大きな力を発揮することがある。

昔、ジャイアンツがフリーエージェントで4番バッターばかりを集めたチームをつくったときにはまったく勝てず、Bクラスに低迷した。

やはり、適材適所でその役割を担う部下が個性を発揮するチームが強くなることは間違いないようだ。

足の速い選手（行動力）、守備のうまい選手（確実性）、勝負強い代打の切り札（洞察力）、一発で大量得点をあげる長距離砲（営業力）、ピンチを抑えるリリーフ投手（問題解決力）、データを集めリードする捕手（分析力）、チームを盛り上げるムードメーカー（推進力）、チームをまとめるキャプテン（統率力）など、**能力や持ち味はバラバラでもかまわない。**

私がリーダーとして心がけていたチームづくりというのは、私が子どものころにテレビで夢中になっていたアニメに影響を受けている。

仮面ライダーや鉄腕アトムのようなヒーローものには、あまり興味が湧かなかった。幼い私が夢中になっていたのは、**「サイボーグ009」であり、「アパッチ野球軍」だった。最近でいえば「ワンピース」がそれに近い。**

一人ひとりいろいろな得意技を持った仲間たちが力を合わせて敵をやっつける姿、一人ひとりは未熟であってもそれを仲間たちで補い合いながら目的を達成していく姿、一人ひとりが特徴を駆使し切磋琢磨しながらゴールに向かい競争していく姿、そんなストーリーに幼いころの私は夢中になっていった。

大人になった今も同じだ。

専門知識、企画力、実務能力、継続力、調整力、プレゼン力、交渉力など、バラバラで偏った能力でもかまわない。

リーダーの人格に引き寄せられたチームメンバーが心を一つにして決起し、チームに「品格」をつくっていけばよいのだから。

そして何より、リーダー自身の人格を磨くことを忘れないでほしい。誠実さ、健全さ、公平さ、清潔さ、正直さ、倫理観、道徳観、正義感などを磨き続け、さらに変化を恐れず、成長を止めず、信念を曲げず、事実と向き合い、問題を解決し、周囲の人たちとの信頼関係を築いてほしいものだ。

リーダーの人格の元に皆がつながっていればそれでいい。

だからこそ、リーダーの「チルドレン」をたくさん産み出してほしいのだ。同じ人格DNAを受け継いだ「兄弟」「姉妹」を育てるのだ。

単なるイエスマンを育ててはいけない。

「自分チルドレン」を正しく育てていけば、チームはよくまとまり、自分2世たちが、輝かしいチームカラーをつくってくれるものだ。

戦い続けるために

自己研鑽をすれば、部下の数だけ星《スター》が輝く。磨くことを怠れば、星クズになる。

第4章

褒める・叱る・信じ抜く

25 部下が「卒業」したのちも光り輝くよう、死ぬ気で磨き上げる

「辞めさせてください」。

突然、部下からこのような退職の申し出がくることもある。

リーダーであれば誰にでも、一度や二度は経験があるのではないだろうか。

「まさか君が？」と、思いも寄らなかった部下もいれば、「やっぱりな」と予想していた部下もいる。

優秀で中心的な戦力であった部下もいれば、辞めてくれて助かったという問題児の部下もいる。

説得が失敗に終わり他社へ転職していく部下もいれば、引き留め工作に成功する部下もいる。

そこにはストレスが溜まる様々な攻防があり、日常の業務に忙殺されているリー

ダーにとっては、最も起きてほしくない「事件」だといえる。

退職する仲間が出るということは、残されたチームメンバーのモチベーションにも影響を及ぼす。戦力がマイナスになる以上のさらなるマイナス要素があるのだ。

リーダーとしての責任が問われ、管理評価が減点されるという組織もあるだろう。よって、**「退職者は絶対に出したくない」というのがリーダーの本音である。**

この意識が過剰になり、まるで腫れ物に触るかのように、部下と接する日々を過ごすことになってしまう。

遠慮して叱れなくなる、好きな仕事だけ与える、わがままな要望を受け入れる、時期尚早だが昇給・昇格させる、評価も甘く加点する、遅刻も黙認する、というように。

退職のショックがトラウマになっているためだ。

思い詰めた表情の部下から差し出された一通の「退職願」が、目の前に置かれている。そんなシーンがリーダーの脳裏にこびりついて離れないのだ。

だが、部下の退職を恐れる〝トラウマ・リーダー〟の甘さは、チームを根っこから蝕んでいく。

それらの「恐れ」は、すべての指導においてリーダーの踏み込みを甘くさせるのだ。

こうなるとチームは、もう統制が効かない。

部下の退職を恐れたリーダーには、死ぬ気で働くチームをつくることはできない。

結局は、この誤ったリーダーのスタンスが、今度は退職を考えていなかった部下までも退職したい気持ちにさせていく。逆に、退職者を増やすことになるのだ。


たとえ、厳しい指導が仇となり、部下が退職することになってしまっても、それがリーダーの信念に基づく正しい指導であったのなら、仕方がないこと。

しかし、それはふるいにかけた淘汰ではない。体験を積み重ねたうえでの卒業だ。師範であるあなたの道場を卒業していったのだ。

実際に私は、そういう道場主の思いで、部下を次のステージへ送り出してきた。

卒業していく部下の多くは、去り際にこんなことを言ってくれた。

「一緒に働けて、本当にいい勉強をさせてもらい、成長することができました。この経験を必ず次の仕事に活かします。退職することは残念ですが、この会社に入社したことに悔いはありません」

この「悔いはない」という部下の言葉を聞くことができるたびに、救われた思いになる。

これでいいのだ、と。

だからといって、すべての部下を卒業もしくは成功させてあげられるわけではない。指導力が自分に足りなかったと反省することもあるし、場合によっては逆恨みされることもある。

そうした経験を糧にしながら、部下の拒絶を恐れず死ぬ気でシゴいてきた。部下同様、リーダーの立場としても悔いが残らないようにするためだ。

リーダーたるもの、道場の師範として厳しく腕をふるえなくなったら〝おしまい〟なのだ。

私と縁あって苦労を共にすることになったからには、最後の最後まで見捨てることなく真剣に部下と向き合ってきた。早川道場の掟は、「死ぬ気で働くのか、働かないのか」である。決して〝飼い殺し〟のようなことがあってはならない。

部下のこれからの人生を一番に考え、どういう選択肢が彼にとってよいのか、ということを一緒に考えてあげるのが人の道だろう。

今の会社が彼にとって最適な場所とは限らない。

リーダーの都合や組織の人数合わせのために、部下の人生を狂わせてはならないのだ。

リーダーのほうから、次のステージを提案してあげること、すなわち、部下を「卒業させてあげるタイミング」も重要なのだ。

あなたは「和田正人《わだまさと》」という俳優を知っているだろうか。

最近までレギュラー出演していたＮＨＫの連続テレビ小説「ごちそうさん」で、杏が演じる主人公の幼なじみ・泉源太役を熱演していた。

彼を世に送り出すきっかけをつくったのは、他ならぬこの私なのだ。

２００５年、私が外資系生保で品川支社長を務めていたころに話は遡る。

その和田正人は、私の支社の営業マンとして勤務していた。

そう、私と彼は支社長と部下という関係で一緒に働いていたのだ。

彼は営業マンとして優秀な成績を収めて活躍する傍ら、俳優になる夢に向かって舞台活動もしていた。

しかし、やがて成績が急降下していくのと同時に、休みや遅刻が増えてきた。

そう、彼は舞台の稽古など、俳優としての活動に時間を奪われるようになっていたのだ。

その事実を知った私は、あるとき和田正人を支社長室に呼び出し、「俳優の道を諦めるか、保険営業の道を諦めるか、どっちにするのか、今ここで決めろ！」と決断を迫った。

すると彼は、「いや、今は決められません。両方の夢を追わせてください」と泣きそうな顔で私に懇願した。

私はきっぱりと強い口調で、「ダメだ！　そんな中途半端な思いで続けていても、両方失敗するのがオチだ。本気で成功したいと思うなら、どちらかを捨てる勇気を持て！　今、どちらを選択するのか、決断しろ！」と、彼に告げた。

しばらく、下を向いたまま考え込み、やがて彼は静かに口を開いた。

「わかりました。俳優の道を選びます。役者になって必ず成功します」と、私の前で宣言したのだ。

私の思惑としては、「保険営業の道を選びます」と彼に言ってほしかったので、本音を言えば当てが外れた。私のチームにとって彼は貴重な戦力だったのだから。

彼にしても、それなりの高収入を捨てるには、覚悟がいる決断だったはず。

あのとき、私が彼の背中を押さなかったとしたら、和田正人自身が「勇気ある決断」をせず嘘でごまかしていたら、今の俳優としての成功はなかったかもしれない。

こうして、タイミングよく「卒業」させてあげることもリーダーの大事な仕事なのである。

部下が「卒業」したのちも光り輝くよう、今、徹底的に磨き上げるのだ。

逆説的であるが、不思議なことに、**「退職してもかまわない」という気持ちで厳しく接するほど、結果的に退職していく部下は激減する**のである。

戦い続けるために

部下の退職を恐れる甘さがチームをダメにする。道場の師範として、拒絶を恐れず徹底的に叱れ。

失敗を褒めて、停滞を責めろ

26

衰退するチームの特徴は、異常なまでの「現状維持」体質だ。「失敗しないように失敗しないように」と、とにかくマイナスポイントをつくらないことを最優先にして、消極的で鉄壁なまでの守りの経営に徹している。

サッカーにたとえるなら、ゴール前を11人全員で徹底的に守り切り、「攻撃は最大の防御」とはかけ離れた「シュートを1本も打たない戦術」を続けていることに等しい。たしかに、失点して負ける確率は低いかもしれないが、100パーセント勝つことはできない。

ただひたすら守り続けている選手たちも疲弊する一方である。「勝つ」というゲーム本来の目的に向かうことなく、「負けない」という地味で〝誰も喜ばない方針〟を貫き、チームのモチベーションを下げていくことになる。

さらに、「現状維持」好きなリーダーは、失敗した部下を叱り、ますます部下たちのモチベーションを下げる。

失敗した部下には、容赦なく原因を追及して、謝罪や反省を迫り、ときにパワハラまがいの恫喝や見せしめの懲罰人事で島流しの刑を執行する。チーム内をがんじがらめにすることが「管理」の真髄だと大きな勘違いをしているのだ。

そのように〝部下の失敗に敏感なリーダー〟は、欠点や弱点を見つけ出すのが大好きだ。事前に失敗すると決め込んで防いだり追及したりするのが仕事であり、挑戦しようとする部下の邪魔をすることに全精力をつぎ込む。

一方で、部下の失敗に寛容なリーダーは、そもそも部下の長所や強みを熟知しているから、失敗の中の成功を褒めてあげることができる。落ち込んでいる部下を励ます思いやりもあり、やる気の芽を摘むようなことは決してしない。

たとえ間違いの許されない事務職であったとしても、挑戦しない組織は衰退する。時代から取り残され、人は離れていくのだ。

失敗を嫌うリーダーからの評価が高いのは、何事も無難にこなすチャレンジしない部下である。「できない理由」を正当化する〝動かない部下〟を寵愛し、「よくぞ、失敗しなかった」と褒める。一方では、チャレンジに失敗した部下を責めるのだから、チームの生産性は上がるわけがない。最悪のリーダーである。

部下の失敗に寛容なリーダーというのは、**部下の積極性や主体性を育てることに熱心なので、失敗を恐れずチャレンジするチームメンバーの行動を公平に評価することができる。**

そして、自分自身の行動に現状維持の兆候が現れると、すぐにそれを察知して攻めの姿勢に修正することもできる。マンネリ化した施策や時代遅れの販売戦略が、チームを誤った方向に導いてしまうということを知覚しているのだ。

リーダー自身が正真正銘のチャレンジャー体質なのである。

私は、フルコミッションの営業チームを率いる生保業界において、たくさんのチームリーダーが挫折し、凋落の憂き目に遭うのを見てきた。

「あんなことしたって無駄だ」「あれはリスクがあるからやめたほうがいい」と言って動かないリーダーの実績はたいてい下降線を辿っていく。

失敗を恐れ、挑戦を忘れたリーダーは淘汰されることになっている。

部下の積極的な失敗こそ、評価してあげるのだ。

「勇気ある素晴らしいチャレンジだったね」

「君でなければ、あの程度の失敗では収まらなかったはずだ」

「さすが、なかなかいい着眼点だったぞ」

と、褒めて褒めて褒めまくりたい。

その代わりに、いつまでも停滞したまま動こうとしない「失敗しない部下」に対しては、思いっ切り愛を持って叱りつけてほしい。

「何もしなければ、失敗はしない。その代わり、成功もしない！」と。

戦い続けるために

失敗を恐れ、挑戦を忘れたリーダーは失脚する。積極性や主体性を育てれば、チームは繁栄する。

27

部下の「好きなところベスト100」を作成しろ

拙著『死ぬ気で働いたあとの世界を君は見たくないか!?』（小社刊）の中で、**愛する人の「好きなところベスト100」を作成せよ**、というメッセージを書いた。すでにご覧になった方も多いと思う。

その中では触れていないが、私は愛する3人の娘に対し「好きなところベスト100×3人分＝ベスト300」を家族旅行の運転中に、一気に口頭で褒めちぎったことがある。その結果、渋滞でどんよりしていた車中の空気がパーッと明るく一変し、その後の親子関係もより良好になったという経験を持っている。

これはお遊びのゲームではない。プライベートだけでなくビジネスの世界でも広く応用できるスキルの一つでもあるのだ。**むしろ部下たちを率いるリーダーが身につけてこそ、チームマネジメントに活かすことができる。**

リーダーと部下との関係を固い絆で結びつけ、信頼をより深めることができるのだ。

そして、チーム全体の空気までも一瞬で変えてしまう〝魔法のようなパワー〟を持っているのである。

あなたも今すぐに部下の「好きなところベスト100」を作成してほしい。

それも、一人につき100個ずつだ。

大勢のチームメンバーを抱えているリーダーにとっては大変な作業になるが、焦らずに一人ずつ、まずは最も信頼関係をつくりたい側近中の側近から始めてほしい。

「関係を修復したい」と望んでいる部下からでもいい。

部下に対して、純粋に好ましく感じている点、長所や強み、リーダーとして嬉しかったことなどを一つひとつ思い浮かべながら「ベスト100」を作成するのだ。

そして作成したリストを部下へメール送信するだけ。ただそれだけのことだ。

思いついた長所を少しずつ携帯端末にメモ書きしておき、それが100個まで到達したら、そのまま一気にメールで伝えてみるという方法でもよい。

できれば、送信するタイミングを工夫してみてほしい。

部下の誕生日に送信して、プレゼントの花束に思いを添える。

失敗して落ち込んでいる部下へ送信して、元気づける。

販売強化月間の初日に、チームメンバー全員へ送信して、激励の意味を込める。

クリスマスカードや年賀状の届く日に送信して、さらなるハッピーを贈る。

というような絶好のタイミングを狙って伝えることができれば、唐突感も和らぎ演出効果も高まる。


「100個も褒めるのは大変」「10個くらいならなんとか思いつくけど」と、尻込みしてしまうかもしれないが、チャレンジする前から諦めているようでは、リーダーの資格はない。

たしかに、100個は簡単ではないだろう。

だからといって、ベスト10程度では中途半端だ。効果は薄い。

「ベスト100」だからこそインパクトもあるし、サプライズ効果もあるのだ。

これはある意味において、リーダーとしての限界突破なのだ。

褒める行為もここまできたら、部下からの期待値を〝遥かに〟超えている。予測もつかないリーダーからの「承認の嵐」である。

部下からは、「凄い!」「あり得ない!」「マジっ!?」という反応から始まり、最後には「感激した」「感動した」「感謝、感謝です」と、数字通り「100倍」は喜んでもらえるのだ。

後日、「好きなところベスト100・お返しバージョン」が部下から返ってくることもある。

自分がもらってみれば、その価値に気づくはずだ。これが届いて嬉しくない人間はこの世にいない。

しかし、このやり取り自体は、さほど重要なことではない。

なんといっても、ベスト100だ。いいところを見つけ出すために、部下の一挙手一投足に集中して観察しなければならないから、もう悪いところは見えなくなってしまう。

したがって、それまでは部下の欠点を指摘するマネジメントが当たり前だと思っていたリーダーが、**それからは、常に部下の長所を探すマネジメントへと変化していく**のだ。

日頃から気に入らないと思っているマイナス面には目をつぶり、徹底して部下の良いところだけを探し出す努力をしてほしい。

あなたはまだ、部下の本当に良いところに気づいていないはずだ。

ベスト100にチャレンジして初めて気づく部下の「長所」に驚き、見方が変わるかもしれない。

先入観という色メガネを外してみたら、気づく何かが必ずあるはずだ。

常に長所だけを観察し、伸ばし続けることができれば、リーダーの指導法も進化していく。人間の長所と短所は紙一重だ。

100個も褒める最大の効果というのは、「部下の欠点も愛せるようになる」ということなのである。

戦い続けるために

四六時中、部下の長所探しに集中せよ。
粗探しをやめ、常に部下を観察し、伸ばし続ける。

28 半休は認めるな

優しくて性格の良いリーダーが今、日本全国で増殖中だ。どこのオフィスも「いい人」だらけだ。

部下にとっては、母親のように過保護で、兄弟のように仲が良く、恋人のようにちやほやしてくれる、天使のような存在。そんなリーダーが増えている。

部下は、激しく怒られたことなど一度もなく、厳しい指導もめったにない。嫌な業務からは逃げまくり、目標を達成できなくても許されて、たいていの失敗には目をつぶってもらえる。それでいて、評価はいつも「A」だ。転勤もないよう配慮してくれ、配属先の希望も聞いてくれる。

ときどきランチやお酒も奢ってくれるし、風邪だとズル休みをしても、翌日には栄養ドリンクを買ってきてくれる。出張帰りには、部下たちの好みを考えチョイスしたおみやげを欠かさない。

部下へ業務指示をするときは、いつも腰が低く遠慮がちだ。部下からの「苦情」についても真剣に聞いてくれたうえで、慎重に対処してくれる。

部下は始業時間ギリギリの出社であっても、リーダーは誰よりも早く朝一番に出社して、部下が遅刻しても怒ることはない。そして最後まで残業して施錠する係だ。

したがって、「天使のリーダー」は、部下からは人としては嫌われていない。まあまあ、好かれている。

しかし、リーダーとして尊敬されているかどうかは、疑問だ。**逆に、舐められているといってもいい。**部下たちだってしたたかに計算しているのだ。

どんなにいい人を演じてみても、リーダーとしての評価は散々である。部下からは、腹の中で軽蔑され、上役からの評価はいつも最低ランクだ。

人柄だけで、なんとか生き延びている。人のいいリーダーは、踏み込んだ指導が一切できない。「部下が可哀相」だと勘違いしているのだ。

些細なことだと決め込まずに、踏み込んだ指導を徹底してほしい。

たとえば、**部下から「今朝から頭が痛いので午前中は半休させてください」という**

連絡があったとしよう。

踏み込めない優しいリーダーにとっては「了解。お大事に」で終わってしまう話かもしれない。

しかし、ガンガン踏み込む私の場合はこうなる。

「それは大変だね。だったら、今日は丸一日休んだほうがいい。私と皆で君の仕事はカバーしておくから」とゆっくり休むように気遣うフリをして部下を試すのだ。

本当に具合が悪く無理をして出勤しようとしている部下であれば、休ませてあげたほうが本人のためだ。反対に、たいして重症でもないのに、すぐ半休したがる部下もいるし、単なる二日酔いのズル休みや寝過ごした遅刻の言い訳という場合もある。実際は後者がほとんどだろう。

後者の部下は必ず言う。「いえ、午後からは大事な来客とのアポが入っているので休めません。無理を押してでも出社します」と。

私は「絶対ダメだ。半休するほど具合が悪いのに無理をして倒れでもしたらどうするんだ」と、断固として阻止する。

「いいえ、午後からは出社しないと、今日はいろいろ忙しくて仕事が溜まっているんです」（食い下がってくる部下）。

「それでも、ダメだ！　絶対に出社することは許さない。終日、ちゃんと休みなさい」（断じて許可しない姿勢をとる私）。

「でも……。お願いです。今日中に提出しなきゃいけない書類もあるんです。出社させてください」（気まずそうに懇願する部下）。

「いや、ダメだ」「午後であれば回復しますから出社させてください」「絶対、ダメだ」「一日休むほど具合は悪くないので大丈夫です」（私と部下は押し問答になる）。

そこで私はズバリ部下を諭す。

「無理して午後から出社できる元気があるなら、無理してでも朝から出社しなさい。朝礼や早朝会議だって午後の業務と同じように大事な仕事だ。中途半端はよくない。ゆっくり一日体を休めて、万全の状態で明日一日を元気に働くのか。もし、3時間後の午後から出勤できるような元気があるのなら、朝からしっかり出社しなさい」。

この「踏み込んだ指導」をチームメンバー全員に徹底していくと、半休も遅刻もチームからなくなっていく。

午後に緊急な仕事が入っていない部下であったとしても、寝過ごしただけで丸一日休むことに後ろめたさを感じるのが普通だ。

たかが半休、されど半休、である。

事前に申し出のあった事情のある半休であれば問題ないが、当日の朝の連絡は許可しないという断固とした方針を私は貫いてきた。

それもこれもすべて〝部下のため〟である。本人にも、チーム全体にも甘えた怠け癖がつかないようにという、私の愛を込めた「小さな戦い」だ。

甘くみないほうがいい。こんな**些細な規律の綻《ほころ》びからチームの衰退は始まる**のだ。

ただ単に甘やかしているだけなのに、自分では「情け」をかけて救っていると思っているリーダーがいる。

リーダーとしての思いやりを存分に発揮していると思い込んでいるのだから、呆れてものが言えない。

優しいだけのリーダーでは、部下は育たない。チームも活性化しないし、会社も良くならない。まったくと言っていいほど、「成果」に向かっていないのだから。

部下を可哀相と思うほうが、かえって可哀相だということがわかっていないのだ。

「情けは部下のためならず」。

情けは部下のためにならないだけでなく、そのリーダーの潜在意識の底では、情けは「自分」のためにかけているのである。ただの「ええかっこしい」なのだ。**自分が嫌われたくないだけの行為には、どこか嘘がある。**だから、誰からも信頼されないのだ。

嫌われないためならば、どんなことだって全力でするという根本的なマネジメントが間違っている。

部下に対してここその指導をするときには、同情するのではなく、愛を持って非情になってほしい。それが、本来のリーダーの姿だ。

嫌われたってかまわず、正しいことを正しいと指導する。そんなリーダーは、結局、嫌われない。

最後に笑うのは、愛を持って非情になれるリーダーである。表面上の優しさが愛だと勘違いしているリーダーは、もうそろそろ本心に気づくべきだ。

戦い続けるために

情けは部下のためならず。
同情するのではなく、愛を持って非情になれ。

一日一善ズバッと叱れ

29

叱れないリーダーの時代が到来したと言われて久しい。

今や「優しいリーダー」が大ブームだ。

しかし、未だかつて、叱れないリーダーが成功したという例を私は知らない。


叱れない理由のほとんどは、「恐れ」からきている。

部下に「嫌われたくない」という恐れである。「尊敬されたい」という内向きな思いが、ブレーキをかけているのだ。

または、パワハラ・セクハラ委員会から問題視されるのが恐いために、遠慮して叱れなくなってしまったのだろうか。自らの保身を最優先している叱れないリーダーなどは、もはや論外だ。

どちらにせよ、部下を本気で叱れないとは、ほとほと情けないリーダーである。

叱れないリーダーは、優しくもなんともない。その行為がかえって部下を不幸にするのだということを自覚してほしい。

「叱れないリーダー」が本当の意味で部下から好かれることは一生かかってもあり得ないのだ。

実は、叱れないリーダーと高圧的なパワハラリーダーの根っこは共通している。部下に好かれないのは、〝自己中心的〟だからだ。どちらも部下のことを考えた行動ではないことは明らかである。

ちなみに、私の場合は、一日一回ズバッと叱ることを日課にしていた。叱る材料など、関心を持って探してみれば、チーム内にゴロゴロ落ちているものだ。

私は元々、人を怒鳴ったり頭から叱りつけるようなタイプではなかった。だから、叱るときには相当なエネルギーを費やした。

毎日のように、意識して「叱る」というスキルを磨いていったのだ。

ぜひ、優しいリーダーであるあなたも、少なくとも一日一回はズバッと部下を叱ってほしい。

叱ることを一日の中でルーチンワークの一つにしておくのだ。

一日一善である。

叱らないでいると、部下との人間関係はますます悪化の一途をたどる。

「叱る」という行為を先送りにしていくと、大切に思っていたはずの部下に対して、徐々に憎悪の感情が育っていくものなのだ。いずれ部下のことが嫌いになってしまう。

なぜなら、「本当は叱りたいのに叱れない」ために、リーダーは我慢の毎日を過ごすことになるからだ。

ミスに目をつぶったり、優しい言葉で注意するにとどまり、リーダーは日々耐えに耐え忍ぶことになる。

その我慢はどんどん蓄積されていくので、リーダーの心の底は、怒りのマグマが煮えたぎり、噴火寸前だ。にもかかわらず、その火山が動くことはない。

噴火できないリーダーは、ときどきコントロールが効かなくなり「皮肉」というガス抜きで部下を攻撃し始める。そして、ますます部下から嫌われていくはめになるのだ。

それでもなお、皮肉の応酬という〝冷戦〟は続き、互いの関係は悪化していく。

「皮肉の達人」の化けの皮をバリッと剥がすと、「般若のようなリーダー」が現れるのだろう。

ならばもう、部下を嫌いになってしまう前に、または部下から嫌われてしまう前に、ストレート勝負でズバッと叱ったほうがいい。

たとえば、私がどん底の名古屋支社に赴任したとき、はじめに実行したことは叱ることだった。

自己紹介でもない。ビジョンの発表でもなければ所信表明でもない。もちろん食事会でもない。叱ることから始めたのだ。

これにはリスクがある。初対面から一発で嫌われてしまう恐れがあるからだ。リーダーというのは人気商売でもある。嫌われたらおしまいだ。しかし、舐められたらもっと始末に負えない。結局、チームは崩壊していく。

といっても、私は舐められないための牽制としてチームメンバーを叱ったわけではない。

チームに欠如していた「規律」を徹底させるためだった。

そのときの支社は、業績がどん底であったにもかかわらず、馴れ合いの仲良しクラブ化していて、仕事の成果と向き合っていないばかりか、まったく規律が保たれていなかった。

二日酔いで遅刻してくる者、会社のオフィスで寝ている者、無断で直行直帰する者、挨拶のできない者、デスク周りの整理整頓のできない者、大声で私用電話をかけている者、服装や頭髪が乱れている者など、今ほどコンプライアンスが厳しくない時代だったとはいえ、まるで荒れ果てた学校のような環境だった。学園ドラマで熱血教師が赴任してきた初日だと想像してもらえればわかりやすいだろう。

とても金融機関のオフィスとは思えなかった。私はときどき寝ている社員の頭を電卓で叩いたりしていたほどだ。

当初は、数分おきに叱っていたのではないかと思うくらい、毎日、叱って叱って叱りまくった。

すると不思議なことに、規律が改善されたことと比例して、業績もうなぎ登りとなり、3年後には名実共にチャンピオンチームとして表彰を受けるまでに成長していったのだ。

コンプライアンスにおいても、全国で一番の監査評価を受け（規則違反・不祥事ゼロ）、すべての営業実績項目でトップとなる10冠王を獲得した。**規律や秩序の重要性に気づ**

いたことで、集団行動における「人間力」が強化されたのだ。

リーダーの「叱るパワー」次第で、ここまでチームが変わっていくこともあるという一例だろう。

当時のチームメンバーは、学歴もあり一流企業で活躍してきた転職組も多かったので、元々、ビジネスパーソンとしてのポテンシャルは高かったのだ。

彼らは理屈ではわかっていたのだ。何が正しくて、何が間違っているのかということを。

だから、それを正しく叱ってくれるリーダーを求めていたのである。

いつの時代も、正しい方向に導いてくれるリーダー、堂々と叱ってくれるリーダーを部下たちは求めているのだ。

戦い続けるために

「尊敬されたい」という思いが部下を不幸にする。
指摘を先延ばしにすると、いずれ部下を嫌いになる。

30

皆が納得する客観的な成果で人事評価を判断しろ

成果主義の時代に突入した、と言われ続けて十数年が経とうとしている。もうとっくの昔に、年功序列を前提としたエスカレーター人事の時代は終わっているはずだ。

しかし、多くのリーダーたちは、今もなお、その年功序列という〝幻想の中〟で働いている。実際の世の中を見ても、それに類する制度がまだ根強く残っている組織もある。

「年功序列」とは、なんと優雅な響きなのか。

まるで一生安泰な「会員制クラブ」に入会したかのような気分にさせてくれる。

私は何も、「勤続年数や年齢に応じて賃金が昇給していく制度」をバカにするつもりはない。日本の高度経済成長を支えてきた立派な仕組みだと思う。

ロイヤリティを持って長年コツコツと我慢しながら職務を全うしていく生き方に反

論するつもりなど毛頭ない。私が口をはさむ権利も資格もないだろう。

でも、ちょっと待ってほしい。


リーダーが決断すべき大切な仕事の中に「人事評価」がある。

年次が大切なのは理解できる。ハレーションが起きないように、順番のバランスというものもあるだろう。「そろそろ俺の番かな」と期待している部下の順番をスキップしてしまうのは可哀相と思うのかもしれない。

しかし、リーダーに同情は禁物だ。

単なる「時間」を経験するだけなら、息をしているだけでも評価に値するということになってしまう。


評価者であるあなたは、次のように反論するに違いない。

「勤続年数だけじゃない。頑張りも評価している」と。

なるほど。「何年生」なのかということに、この頑張りを加味して、人事評価を決めているようだが、この頑張りがかなり怪しいのだ。

頑張りというよりも「好き嫌い」や「イメージ（印象）」で評価してはいないだろう

か？　ここに、人が人を評価するときの〝落とし穴〟がある。

人事評価はチームメンバー全員が納得するような、あくまで客観的な成果で判断しなければならない。

部下の好き嫌いはあってもよい。それは人間同士なのだから当然あるに決まっている。誰だってある。

むしろ「人の好き嫌いはない、私はいつも公平だ」と言っているリーダーのほうが信用できない。食べ物と同じように、人の好みがあってもよい。

「ゴルフや飲み会の誘いは断らない、ヨイショの上手なA君は好きだが、堅物で愛想がなく、会議で正論ばかり主張するB君は嫌いだ」という感情が入るのは仕方ない。

リーダーの腹の中に部下の「好き嫌い」がしまってあるのは良しとしよう。大好きなA君といくら一緒にランチを取ったってかまわない。

しかし、昇格人事や昇給評価に「好き嫌い」をはさむとろくなことにならない。「不公平」という感情は、チームのモチベーションを確実に奪っていくからだ。

好き嫌いやイメージで決して評価をしてはいけない。チームメンバーは、いつもリーダーとA君がランチを共にしていることを知っている。

人事評価が明確な「実績」のもとに実施されたのかどうか、それをよくジャッジしているのは、チームメンバーだ。

密室人事は避けたい。**大切なのは透明性だ。**

具体的に「何をしたのか」で部下を評価するのだ。

逆に、「何もしない」部下は降格人事を断行していくべきだ。

私が支社長だった時代は、昇格だけでなく、降格させるのが得意だった。仕事をしない部下は、粛清に次ぐ粛清だ。しかし、「何らかの実績」を残したらまた上げる。

エスカレーター人事どころか、階段の踊り場で昼寝している部下を「黙認」するなどもってのほかだ。ましてや、そんな部下に対して年功序列や好き嫌いで昇格させることがあってはならない。

降格人事に抵抗を感じる人からすれば、これは封建的な恐怖政治だと誤解する人がいるかもしれないが、それはまったく逆だ。

次のように「成果」を公平に評価するのだ。

実績はすべて数値化して目に見える仕組みにする。

評価結果はチーム全体へ堂々と発表する。
陰の努力を拾い上げて次々と公表していく。
チームや仲間への協力・貢献も評価する。
新しいチャレンジを讃える。
ルーチン以外の仕事をとくに評価する。
仕事の進め方を改善しているかどうかを評価基準にする。
報告だけで判断せず現場で事実を見る。
お客様の声を評価の対象に加える。
「上司の上司」よりも「部下の部下」からの意見を尊重する。

というように、目に見えにくい成果についても、それをいかに透明にしていくのかが、リーダーの腕の見せ所なのである。

戦い続けるために

部下の評価は「何をしたのか」でジャッジしろ。決してイメージで評価してはいけない。

31

部下を疑ってあげることも思いやり

不祥事が発覚し、チームメンバーの中に疑われている部下がいたとしよう。

このままでは解雇に相当するような重い処分は免れない。

そのときあなたはどのように感じるのだろうか。

愛する部下を心から信頼しているあなたであるならば、「うちの子に限って……」ならぬ、**「うちの部下に限って……そんなはずはない。何かの間違いだ」と、最終的に事実が明らかになるまで、部下を信じて疑わないはずだ。**

それはそれでよい。素晴らしいことだ。


しかし、真実はときに残酷だ。

あなたの部下は、違反した事実に基づき処分されたとする。

いったい問題は何だったのか。

今さら、あなたが部下を責めたところで始まらない。すでに重い処分を受けて反省している。

そう、問題はリーダーである「あなた」である。

では、あなたが反省すべき点は何なのか。

もしかすると、あなたは、事件が起こる前に、そのことを予測できたのにもかかわらず、いつもいつも「うちの部下に限って……」と、疑うことをしていなかったのではないのか。

リーダーとして事前に何も手を打っていなかったことを深く反省してもらいたい。「信じる」という美しい言葉の陰に隠れて、あなたは管理責任を放棄しているのだ。要するに、手を抜いているのである。

もう目を覚ましてほしい。信用・信頼などと、耳障り良い言葉を巧みに使い、〝気持ちよくなっているだけ〟のリーダーはもう卒業してほしい。

部下を疑ってあげることも思いやりなのだ。

あなたが、部下のあらゆる可能性をしっかりと疑い、事前に対策を取っていたなら、その不祥事は防げたかもしれなかったのだ。部下の将来を奪い、不幸に導いたのは、リーダーであるあなたの責任だ。

部下を「一人の人間」として信じ切ることはもちろん否定しない。それはそれで美しい。

しかし、部下の「行動」を疑ってあげることはリーダーの大切な役目だ。

「うちの部下に限って……」などと甘いことばかり言って、日常の「事実」を把握しようとしないリーダーは無責任極まりない。

これといった対策を打たず、何も心配していなかったあなたが、事が起こったときになり、「あいつがそんなことをする奴だったなんて……。裏切られた」と言う資格はない。

人間は弱い動物なのだ。魔が差すこともあれば、目先の欲望に負けてしまうことだってある。

たとえば、営業マンの行動管理だ。

「部下は営業活動をサボってしまうこともある」と疑うのか、「うちの部下に限って絶対に営業活動をサボることはない」と信じるのか。

いったいどちらの管理が正しいのだろうか。

やはり、**部下は常にサボる可能性を持っている、と考えるからこそ、様々な対策が取れる**のである。

生保営業のチームは個人事業主の集合体であるため、自己管理が原則だ。しかし、私は自己管理が完璧にできる部下は一部しかいないと疑っていた。

したがって、全社の中でも私のチームだけは「月曜と木曜の朝だけ出社すればよい」という就業規則に逆らい、毎朝のように朝礼を実施していた。

それだけではない。早朝から会議やミーティング、研修や勉強会なども毎日行った。おかげで、チームはゴールドプライズ（年間コンベンション実績ナンバーワンチーム）の表彰をハワイで受けることができたのだが、私のそもそもの狙いは業績アップというよりも、リスク管理を目的としていたのだ。

厳しいプロ野球の世界においては、常勝西武ライオンズを率いて5連覇を成し遂げた森祇晶監督も、休日に選手の自宅を訪ね歩き、食事の献立に口をはさむほど徹底した管理野球を貫いたと聞いている。

優勝したおかげで、結果として選手たちの年俸は上がったわけだ。

愛情の反対は無関心であると、どこかの偉い先生が言っていた。

魔が差さないように、守ってあげるのがリーダーの役目である。

疑って、心配して、確認して、見守って、助言して、という徹底した事前対策が必要なのだ。

リーダーとは、辛い稼業である。愛する部下を疑ってかからねばならないとは……。

しかし、**人間としての部下を信じ切ったうえで、行動のみを疑うという行為は、愛あればこそその「リーダーの責任」なのだ。**

戦い続けるために

「うちの部下に限って……」と考えるのは、事実を把握しようとしない無責任リーダー。

部下への批判は絶対に口外しない

32

「名選手、必ずしも名監督にあらず」というプロ野球界の有名な格言がある。

一流のプレーヤーだったからといって、必ずしも一流の監督として大活躍できるとは限らない、という意味だ。

もちろんそれは私たちビジネスパーソンの世界でもいえること。

リーダーをプロ野球チームの監督にたとえることができる。

とくに私がまとめていた生保営業のチームというのは、一人ひとりがプロフェッショナルの営業マンという契約であったため、一年一年が勝負の年俸出来高制であるプロ選手たちが集まる球団とは、共通点が多い。

私も多くの一流プレーヤーを採用・育成し、その中から抜群の実績を挙げた選りすぐりのプレーヤーを営業所長や支社長として登用してきた。

しかし、登用された営業所長の中には、**プレーヤーのときのような活躍は見る影もなく期待外れに終わり、残念ながら挫折していく者もいた。**

プレーヤー時代は自信満々に高いスキルと自己管理能力を発揮することで数百人のお客様との信頼関係を構築し、数千万円という年収を稼ぎ出してきた、そんな彼らがである。

リーダーとして、ひとたび舞台をグ、ラ、ン、ド、か、ら、ベ、ン、チ、ワ、ー、ク、に移した途端、混乱し、悩み、壁にぶつかることになるのだ。

マネジメントというのは、それくらい人間力が問われ、奥が深い。

私は40年以上もの長い間、熱狂的なプロ野球ファンを続けてきて、つくづく思うことがある。

名監督の条件とは何か？　ということについてだ。

プロ野球といえば、ここ10年のセ・リーグの優勝監督を見てみると、巨人・原監督と中日・落合監督が見事にチャンピオンフラッグを分け合い、独占してきた。

実力伯仲の厳しいプロの世界において、この戦績というのはもの凄いことだ。もはや両氏は名監督として歴史に名を刻んだと言ってもいいだろう。

実は、この両監督には共通点がある。

それは、「選手の批判や悪口を口外しない」ということである。

下位チームの監督たちは、試合に負けたあとのマスコミのインタビューにおいて、選手を名指しでボロクソに批判している。

「あのピンチでセカンドのAが悪送球エラーさえしなければ勝っていたのに。あのプレーはアマチュア以下だ。プロとして恥ずかしい」

「最終回にピッチャーのBがフォアボールを連発したあげくに一発ホームランとは。普段からどんな練習してるんや。アホか。あれじゃ一軍で使い物にならん」

「逆転のチャンスが3度もあったのに、全部Cが潰してくれた。三振、三振、ダブルプレーとは。あんなど真ん中のボール、俺でも打てるよ」

翌日の新聞を見ると、このような監督のコメントが毎日のようにニュースとして掲載されている。

しかし、原監督と落合監督は違う。

「監督である自分が悪かった。選手は悪くない。責任は監督にある」という意味のコメントをしていることが多い。

監督のコメントが選手の耳に入ったとき、**どちらの言葉が選手に自己反省を促し、**

奮起させるだろうか。どちらの言葉が選手のやる気を奪うのだろうか。

あなたが選手の立場になればわかるはずだ。

監督から選手へ直接伝えるのであれば、まだスッキリと納得できるが、批判は第三者であるマスメディアを通して、選手自身へ伝わることになるのだ。

選手は自分で何が悪かったのかはわかっているのだし、十分反省もしている。

それなのに、プライドを傷つけられるような批判を監督から口外されたら、いくら結果を問われるプロの選手だからといっても、やはり「やってられない」という心境になる。

深く落ち込んで失敗を引きずることになるかもしれない。

リーダーであるあなたも、第三者である同僚や別の部下に対し、部下の批判を愚痴のようについうっかり洩らしてしまうことはないだろうか。

その場にいない部下の話題を持ち出しては、「あそこが悪い、ここが気に入らない」という批評をして、ストレスを発散していないだろうか。

直接、本人に意見を言えないリーダーに限って、このような「陰口」になる傾向が強いようだ。

かりに「ここだけの話だぞ」などと口止めしたところで、必ずチーム内に広がる。そして必ず本人の耳に入る。

陰口というのは、「ここだけの話」「ここだけの話」と広がっていき、ついには「みんな知っている」という最悪の事態に発展する。

あなたも経験があるだろう。どこの世界にもよくあることだ。

第三者から聞かされる自分の悪口ほど、傷つくものはない。何十倍も嫌な思いをする。その不信感が積もり積もればリーダーへの「遺恨」にもなりかねない。


リーダーの口から洩れた部下への批判は、尾ひれ羽ひれがついて、とんでもない「誹謗中傷」になっていることも少なくないのだ。

しかもそれが、部下の人間性を侮辱するような内容になっていると、ますます部下との関係はこじれてくる。ミスした事象だけを話すならまだしも、人間性を揶揄することはルール違反である。

朝の会議に遅刻したことは悪いが、「怠け者の遊び人」というのは事実ではない。

お客様のクレームはあったが、「嘘つきでいい加減な奴」というのは事実ではない。

納期に遅れを出したが、「愚図でのろまなカメ」というのは事実ではない。
軽口もほどほどに。油断は禁物だ。
改善指導と誹謗中傷を混同してはならない。

批判しなければいけない場面はもちろんある。反省を促し、早急に改善の方向性を示してあげることはリーダーの大切な職務だ。
そのときには、「そのうちに……」という後手後手の曖昧な指導ではなく、「**すぐ**」「**その場で**」「**直接本人に**」「**リーダーの口から**」「**わかりやすく**」**伝えること。**

リーダーというのは、常に正々堂々と裏表なく、批判は絶対に口外してはいけない。
それは、名監督、名リーダーになるためのセオリーだ。

戦い続けるために

改善指導と誹謗中傷を混同するな。
部下の人間性を批評することはルール違反。

第5章

最強のチームづくり

33
危機感を煽《あお》るだけのマネジメントはやめろ

危機感を煽るだけのマネジメント。

これは、リーダーが最も罠に陥りやすい誤った手法だ。

単に、〝危機感を煽り脅し続ける〟という、追い詰められたリーダーが得意とする手法である。

ネガティブなメッセージではあるが、尻に火がつき、「やる気」になることもあり、一過性の効果はあるかもしれない。しかし、動機付けが〝脅し〟である限り、長続きはしない。

当然ながら、部下たちの心は折れていく。

そこにはワクワクするようなビジョンもなく、ただひたすら生き残りをかけた危機感だけのサバイバルなジャングルで戦うはめになる。

明るい未来への希望など何も持てず、ただただ疲弊していく。

それはそうだ。せいぜいよくても現状維持か、それ以下でしかないのだから。

チームのムードは暗くなり、人間関係もギスギスしていく。

そして雰囲気はますます悪くなり、業績は下がり賃金も上がらない。職場には、長続きする社員もいなくなり、退職者は雪崩のように後を絶たない。


切羽詰まったリーダーの口からは、悲壮感溢れるメッセージしか聞くことができない。


「今年、この目標が達成できなかったら、チームは解散だ」

「この商品が売れなかったら、今度こそ倒産だ」

「新しいこの方針・戦略についてこられない者は、降格させる」

「改善策を徹底的に推進していかない限り、業界ではもう生き残れない」

「5年前は3位だったのに、今は9位まで落ちた。もっと頑張らないと、このままでは最下位になってしまう」


サバイバルゲームをやっている限り、この悪循環を永遠に止めることはできないのだ。

罰金や罰ゲームだらけの環境をつくり、「人は恐怖で動くもの」と思っているリーダーが実に多い。

この短絡的な指導を続けている限り、チームに発展はない。業績は良かったり悪かったりで永遠に右肩上がりに成長していくことはないのである。

部下たちが「生存」ではなく「繁栄」という前向きな目標へ向かって必死になるような叱咤激励をすること、それがリーダーの仕事になる。

「今年、この目標が達成できたら、世界へ打って出るぞ」
「この商品が売れたら、業界のパイオニアになれる」
「新しいこの方針・戦略に共感できる者からプロジェクトメンバーを募りたい」
「この改善策を徹底的に推進していけば、もう業界では一人勝ちだ」
「5年前は3位だったのに、今は9位まで落ちた。しかし、業界で1位に返り咲ける切り札がある。それが、この計画だ！」

リーダーは一刻も早くサバイバルな世界から脱出して、**ワクワク・ドキドキする世**

界へとチーム全体を引っ張ってほしい。

胸躍るビジョンの世界へ、チームメンバーを招待してあげてほしい。

そこに使命感はあるのか。

そこに大義はあるのか。

そこに意味はあるのか。

そこに達成感はあるのか。

そこにメリットはあるのか。

そこにお楽しみはあるのか。

そこに幸せはあるのか。

「ワクワクする世界へようこそ」というスタンスこそ、強いリーダーの真骨頂である。

戦い続けるために

ワクワクするビジョンにしか人はついてこない。
サバイバルなチームはいつか疲弊する。

「貢献」をチームの文化にする

34

生命保険のフルコミッション営業は、プロフェッショナルの世界だ。チームのカタチをとっているが、個人事業主の集まりである。支払われる給与も、事業所得である。よって、一般のビジネスパーソンの世界のように、リーダーの指示に部下が素直に従ってくれることはあり得ない。

そもそも、生保営業の世界に上司と部下という言葉は存在しない（本書ではあえて部下という言葉を使っているが）。**あくまで役割分担という位置づけのもと、互いに認め合っている。**

いい意味で「わがままな集合体」だ。

一人で年収数千万円から1億円を超える営業マンもいて、その直属のリーダーよりも高収入であったりする。独立心も人一倍強いし、競争心や目標を達成する意欲もケタ外れに高い。半端ではない負けず嫌いの集まりである。

では、そんな彼らだからといって、**リーダー不在で好き勝手に放任していればいいかというと、決してそうではない。**放っておいたら、生産性は下がる一方だ。一部の猛者を除いては、ほとんどのメンバーの成績は落ちていく。

やはり、リーダーのマネジメントが必要不可欠なのである。

個人の能力をさらに活かすマンツーマンの指導が大事なのはもちろんだが、実は、最も大事なファクターは、意外にもリーダーの統率力のもとに結集した「チームワーク」なのだ。

プロ野球の世界を見ればわかるだろう。

それぞれの個人成績で年俸が決まり、成績が落ちれば、明日にはクビになるかもしれないという厳しい成果主義の世界であるにもかかわらず、選手たちは、「チームワーク」「チームの勝利」「チームの優勝という目的」を口にする。

ヒーローインタビューの表彰台では、バッターは「ピッチャーのAさんが必死に投げていたので援護したかった」、ピッチャーは「キャッチャーのBさんのリードのおかげです」、キャッチャーは「監督やコーチのCさんのアドバイスのおかげです」と語り、監督からは「選手全員の一致団結したチームワークのおかげで、優勝することができました」という**チームメンバーへの感謝の気持ちを込めた答えが返ってくる。**

他の選手を尊重するチームワークの力がいかに大切なのか、窺い知ることができる。

営業プロフェッショナルの世界においても、個人成績だけで勝ち負けを競わせるというやり方には限界がある。

むしろ競争や上昇志向が行き過ぎると、チームの輪を乱すことになりかねない。キャンペーンやコンテストなども、一時的な効果しか期待できない。ランキングなどというものも、所詮、人との比較に過ぎないのだ。

人と比較ばかりしていると、いったい、自分は何を基準に生きているのかわからなくなるものだ。モチベーションは長続きせず、心がすり減ってくる。

人生の不幸とは、ときとして人との比較から生まれるものだ。

やはり、最大のライバルは自分なのだ。自分自身に勝つ、そして、それ以上に**仲間を勝たせる**のである。

貴重な情報を独り占めすることなく、ライバルにも提供する。

苦労して磨き上げたスキルを惜しげもなく、仲間にシェアする。

チームの成功を喜び、メンバーの成長を助ける。

だからといって、決して目先の営業成績を分け与えたり、傷の舐め合いをするような助け合いクラブをつくってはいけない。チームメンバー同士がお互いに「叱り、叱られ」ながら切磋琢磨していく、厳しい関係を構築するのだ。

仲間を勝たせることが喜びになれば最高だ。

まさに、**リーダーの役割とは、部下を勝たせること。つまりは、チーム全員がそのようなリーダーシップを発揮する集団に育っていったら無敵**だろう。全員がリーダーとしての実力を兼ね備えている最強のチームづくりだ。

勝たせる＝貢献、である。

チームが最も大きな力を発揮するとき、それは仲間への貢献が文化になったときなのだ。

「自分一人だけが良ければいい」という個人主義のチームが、勝ち続けた例は聞いたことがない。それは、会社であろうと、国であろうと同じだ。

では、いかにして仲間への貢献をチームに根付かせることが可能なのか？

残念ながらそのための〝近道〟はない。
リーダーをはじめとして、チーム一人ひとりが人間学を学び、徳を積むしかない。
エゴの世界から足を洗うには、日々のインテグリティ(高潔さ)の実践が必要だ。
真のリーダーの仕事とは、それを実行し続けることに尽きると言っていい。

社会への貢献、お客様への貢献、会社への貢献、仲間への貢献、家族への貢献というチーム文化がつくり上げられたとき、「自分自身への貢献」という飛躍的な成果を挙げることができるのだ。

リーダーの仕事とは、そのように仲間で支え合う一体感をつくることだ。

本当の「喜び」を「文化」にすること。それができたチームには、とてつもないエネルギーが生まれる。

戦い続けるために

仲間で支え合う一体感をつくれ。行き過ぎた競争や上昇志向はチームの輪を乱す。

35 エキサイティングな空気をつくり出せ

チーム内へ意識的にエネルギーを注入することもリーダーの大事な仕事だ。

オフィスに活気を生み出し「盛り上がっている」という状態をできる限りキープしたい。

冷めない空気は熱いリーダーがつくり出すのだ。

それにはやはり、朝礼からリーダーが中心となり暴れ回ってほしい。

ワッショイワッショイと祭りの神輿をかつぐように、戦略的にエキサイティングな空気をつくり出すことだ。

テンションの上がる映像や音楽を流す演出もいいだろうし、あの手この手でチーム全体に活力を与えてほしい。

365日間続くキャンペーン展開である。

私も、まさにそのことだけに大半のパワーを使ってきたと言っても過言ではない。

たとえば、〝業績不振ウイルス〟の感染から部下を守るため、まずは「免疫力」を強化する全体朝礼を実施してきた。

それは、「感謝の100秒スピーチ」というトレーニングだ。

始めたのは外資系生保の支社長時代からで、その後国内大手生保でコンサル部隊を立ち上げたときも、本社の統括部長を務めていたときも、ずっと続けてきた。

その朝に選ばれた数名のメンバーが、代わる代わる一人ずつチームメンバーの前に出て、昨日の良かった出来事を50秒、本日起こるだろう良い出来事を完了形で50秒、計100秒という時間で「感謝のスピーチ」をするのだ。

日々、ポジティブに良いことだけを考える習慣をつけてもらうのが狙いだ。

今日はまだ起こっていないことでも「～ということがありました」と、過去完了形にして言い切るルールになっている。

厳しいビジネスの世界では、困難やアクシデントが次々と襲ってくる。

とくに営業の現場は、当てにしていた新規契約が突然のトラブルでキャンセルとなったり、ライバル会社からの横やりで取引先を失い減給になったりと、業績をうまくコントロールできないことが多く、ストレスでいっぱいだ。

毎日のように良いことばかりを探し出し、スピーチすることは至難の業である。

だから、**「当たり前のこと」の中にある小さな幸せ、「不幸なこと」の中にある気づきなどを「良い解釈」で掬《すく》い上げ、スピーチするという鍛錬を実施してきた。**

こうしてポジティブなスピーチをシェアしていけば、チームメンバーは互いに良い影響を受け合うこととなり、思考も行動も、そして〝運〟までも、プラスの方向に好転していく。

「感謝のスピーチ」を誰が発表することになるのかは、当日の朝、私に指名されるまでわからず、全員が毎日、「良いこと」を考えておかなければならない。

私の合図がかかると、「はーい！」と元気よく、全チームメンバーの手が一斉に挙がる。手を挙げない人は一人もいない。手を挙げないと私に指されるからだ。

誰を指名して盛り上げるのかは、私の采配次第だ。

初めは単なる挙手だったものが、立ち上がって手を挙げる、大声を張り上げて手を振り回す、高くジャンプする、踊りながら飛び跳ねる、猿のものまねをしながら手を挙げる、というように徐々に私の要求もエスカレートしていった。

朝からチームメンバー全員で「ウッキッキー」と全員でオフィスを飛び跳ねている姿を想像してみてほしい。

あまりのバカバカしさに、照れ臭さなどどこかに飛んでいくものだ。

さらに「ものまね」シリーズはヒートアップしていき、猿のものまねから、ゴリラ、象、ニワトリ、アントニオ猪木、志村けん、森進一へと進化していき、朝礼がバラエティ番組のようになっていった。

そうやって声を出しながら体を動かすと、**快楽物質が脳内からカラダ中を駆け巡り、不思議なエネルギーが湧いてくる**ものだ。

もちろん、**羞恥心もどこ吹く風、営業マンとしてのメンタル面も鍛えられる**という副産物もあった。

信じられないかもしれないが、名だたる金融機関のオフィスでの朝礼シーンである。これは、正真正銘の実話だ。まったく脚色はしていない。

チームの業績が断トツ（ハワイコンベンション・ゴールドプライズを受賞）だったせいもあってこの朝礼が全社的に話題となり、本社のスタッフがビデオカメラ持参で取材にやってきたこともあったほどだ。そして、その内容は、翌月の本社会議で上映された。

中国に設立した関連会社の社長をはじめ幹部御一行が来日した際には、朝礼の様子を見学にきたことがあった。訪問団は一同感心して帰っていった。


もちろん、私はバカ騒ぎを推奨しているわけでは決してない。

全員が黙々と社内清掃をする取り組みでもいい。

静かに瞑想をする時間をつくることでもかまわない。

心に沁《し》み渡る詩の朗読でもいい。

たとえ静かな環境であったとしても、**そこに燃えたぎるようなパワーがほしいのだ。**リーダーの秘めたエネルギーがど真ん中にあればそれでいい。


あなたのチームは、盛り上がっているだろうか？

戦い続けるために

朝礼からリーダー中心に暴れ回れ。ワッショイワッショイと祭りの神輿をかつぐ。

36 飲み会を開いてもチームの士気は上がらない

「飲みニケーション」の大好きなリーダーがいる。

毎週末のように部下を引きつれては、親分気取りで飲み歩いている。なかには、毎晩のようにネオン街に繰り出している輩《やから》もいるようだ。

リーダーを中心としたチームメンバー間の交流は、やはり欠かせない。

私も一時は月100万円以上もの飲み代を豪快に投資していた時期があった。2軒目、3軒目とチームメンバーを深夜まで引きつれては飲み歩き、翌朝の寝起きは二日酔いの自分と格闘することから始まるのが日課だった。

まだ若く未熟なリーダーだった私は、それがチームをうまく回すには効果的だと信じていたのだ。

しかし、飲みニケーションの頻度と業績向上はまったく比例しない、ということを経験から学んだ。仕事への直接的な効果は、〝ゼロ〟なのである。

飲み代にトータル1億円を費やした私が言うのだから、一聴の価値があるはずだ。

今、思えば、あの投資は単なる浪費だった。私自身の気休めだったのだ。

リーダーとして、仕事の効率を本気で上げたいと思うなら、飲み会は控えたほうが賢明だ。

ときには「打ち上げ」と称した決起集会も重要だろう。レクリエーションを通してチームの懇親を図ることも大事だ。忘年会や新年会、歓送迎会や暑気払い、バーベキュー大会やボウリング大会、そして慰安旅行。

いっときは仕事を忘れ、日頃のストレスを解消することも必要だ。

それらの楽しいイベントを否定するほど私も野暮じゃない。飲み会を一切やめて「死ぬ気で働け」と言うつもりは毛頭ない。一つの趣味として、ときどき酒好きの部下を誘い、労《ねぎら》ってあげるのならそれでいい。

しかし、「飲みニケーションは効果的な戦略である」と信じ込んでいるのなら、それは愚かなリーダーであると言わざるを得ない。

たしかに、飲み会の場は盛り上がる。アルコールの力は凄い。

普段はおとなしいチームメンバーでさえ、突然、人が変わったように威勢がよくなることもある。

決意表明をさせれば、全員が目標必達を宣言するし、涙を流しながら「リーダーのために命を捧げます」と、絶叫する部下も現れる。

ボトルを抱えた万年係長が、ひと晩で「宴会部長」へと二階級特進してしまうケースもある。

カラオケに行けば、チームメンバーが肩を組んで円になり、「明日があるさ」や「しあわせになろうよ」を大合唱することもある。

日常の業務の中では士気がなかなか上がらず、「どうしたら業績が向上するのだろう?」と悩んでいるリーダーにとっては、夢のような世界だ。


しかし残念ながら、酔いが覚めれば、すべて元に戻ってしまう。夢から覚めたように現実の世界に引き戻されるのだ。そこには「明日」もなければ「しあわせ」もない。

その場限りの盛り上がりに騙されてはいけない。

残念ながら、飲み会の勢いだけで業績向上を図ることはできないのだ。

どれだけ2次会3次会へと連れ出したとしても、未来への投資にはならない。明日に残るのは「請求書」と「アルコール臭」だけである。

飲み会に費やすお金と時間があるのなら、効果の高いセミナーを企画したり、人間学を学ぶための勉強会でも開いたほうがましだ。

食事会をするのであれば、社外の人を仲間に入れたい。人脈を広げることができるし、新しい情報、斬新なアイデア、客観的なアドバイスを得ることができる。

オフィスから外に出て部下とのコミュニケーションを図りたいなら、スターバックスでの「カフェニケーション」で十分だ。2人で飲んでも千円でお釣りがきて、なおかつ、時間も短縮できる。なんといっても健康的だ。

ビジネスの世界というのは、アルコールとは無縁の「シラフの世界」に存在するのだということを忘れないことである。

戦い続けるために

その場限りの盛り上がりに騙されるな。酔いから目を覚まし、シラフで指揮をとれ。

37

リーダーが風邪をひくとチームも風邪をひく

風邪を引く原因は、100%メンタルである。

漢方の世界では、「風邪（ふうじゃ）」という邪気が、背中の風門というツボから体内に進入する、と言われているらしい。つまり風邪を引くというのは、文字通りあなたの邪念がウイルスを引き寄せているのだ。

〝邪念〟はウイルスの大好物だ。

「やる気がない」「目標を失う」「職務を怠ける」「失敗に落ち込む」「人間関係で傷つく」「お金に困る」「異性問題に悩む」など、弱っている心が邪気を引き寄せてしまうのである。

風邪をまったく引かないという人はいないだろう。職場に流行しているウイルスが蔓延していれば、誰だって感染するリスクを抱えている。

しかし、感染しやすい人と感染しにくい人がいるのも事実だ。であるならば、チーム内への感染をいかにして予防していくのか、メンタルヘルスの管理はリーダーの大切な仕事の一つになる。

「誰でも風邪くらい引くのは当たり前」などと安易に考えてはいけない。部下が風邪で休んでいるのは、たまたまではない。

モチベーションの低下により免疫力が落ちたため、ウイルスに感染したのだから、部下のリタイア続出という緊急事態は、リーダーの重大な責任なのだ。

心身ともに充実し、「目標に向かってまっしぐら」の仕事人間にとっては、風邪を引いてダウンしている暇はない。**毎日のワクワク感が免疫力を高めてくれる**のだから。

とするならば、リーダーから部下に対して、**常に「正しい目的や目標」を与えておくことが、何よりの予防ワクチンになるし、処方箋にもなる。**

リーダーとは、目的・目標というワクチンを注射するドクターであり、計画・行動を処方する薬剤師でもあるのだ。

率先垂範のリーダーは責任が重大だ。

リーダーが風邪を引いて大事な仕事に穴をあければ、チームメンバーも「開店休業モード」になるのは必然だ。士気は落ち、チームの業績にも大きな影響が出る。

リーダーが風邪を引くとチームも風邪を引くようにできている。だから、**リーダーは絶対に風邪を引いて休んではいけない**のだ。

リーダー自身の健康管理こそがチームの最重要課題と位置づけてほしい。

日々ワクワク仕事をしている私の場合は、風邪で熱を出すことはめったにない。常に自分への栄養と休養を考え、サプリメントの補給も含めた3食の献立のバランス、ジョギングなどの適度な運動、十分な睡眠時間と休日の確保など、完璧な健康管理を実行している。

手洗いやうがいは決して欠かさないし、ジェル状の消毒用アルコールを持ち歩き細菌から身を守っている。

しかし、そんな私でさえも、一年間の仕事が終わった年末休暇中に気が抜けたりすると、発熱や下痢が襲ってくることがある。やはり、数年に一度は、邪念を大掃除する「カラダの断捨離」が必要なのかもしれない。

「断捨離」は、チームに迷惑をかけない休暇中のメンテナンスにとどめたいものだ。

ときどき自虐ネタのように、どれだけ自分が不摂生しているかということを自慢しているリーダーたちがいる。

「俺なんかさあ、飲み会続きで、昨日は3時間しか寝てないんだよ。その前の日は、2時間だけ。もう死にそう」

「俺なんかさあ、毎日のように暴飲暴食が続いててさ、1週間で5キロも太っちゃったよ。もうメタボが止まらない」

恥知らずなリーダーもいいところだ。健康管理ができていないことを自慢しているとは、あまりにも自覚がなさすぎる。

このような自己管理の欠如もまた、元を正せば、「メンタルの弱さ」なのである。

戦い続けるために

メンタルの免疫力を鍛える健康管理こそが、チームの最重要課題と位置づけよ。

決断を部下に委ねるな

38

リーダーへの意見・要望をチームメンバーへリサーチしてみると、その中の多数意見として「会議が長い」という不満が必ず出てくる。

さらに、その「長い」という不満の意味を突き詰めていくと、「目的や趣旨がわからない」「会議のための会議になっている」「いつも結論が出ない」という深刻な課題であることがわかる。

実はそこに、ダメなリーダーの大問題が隠されているのだ。

「決められない」リーダーがいる、という致命的な問題だ。

意思決定できないリーダーに対して、「優柔不断で頼りない」とチームメンバーは感じている。部下はいつもイライラしているのだ。

この先、チームはどうなっていくのかが見えてこないために、不安と不満を溜め込んでいるのである。

会議がどんなに長くても、最終的にスカッと納得いく結論を出してくれるのなら、長く感じないものだ。

「これでいこう！」というリーダーの明快なメッセージがあれば、チームメンバーは皆元気になれる。**そこに「希望」を感じるから**である。

リーダーからの自信満々な意思決定さえあれば、**部下は「これならいける！」という気持ちを抱く。**


たとえば、ある問題を解決するために、チームメンバー全員が集まり、会議を開いたとしよう。

チームの将来を左右するかもしれない重要な議題だ。

絞られた戦術は2つ。Aプラン、Bプラン、どちらも一長一短で、メリットもデメリットもある。

チームメンバーの意見を聞いていると、甲乙つけがたい。

さて、あなたがリーダーなら、最終的にどんな方法で1つのプランに決定するのだろうか。

難しい問題は簡単には決められないから、後日へ「先送り」するのだろうか。

いや、待ってほしい。そんなことをしていたら、いつまでたっても問題は解決しない。今の時代に求められているのはスピードだ。

そもそも、部下の不満は「いつも会議で結論が出ない」である。

チームメンバーからすれば、**「またリーダーは決めてくれなかった」という不満が**膨らんでしまう。

そこで、すぐに結論を出したいリーダーは、「多数決で決めよう！」と言い放つ。

これは最悪だ。決断を部下に委ねてはいけない。たとえ、多数決であったとしてもだ。

「会議ではいつも多数決」というリーダーが意外と多いのには、驚かされる。

たしかに、合議したうえでの多数決であれば、民主主義の精神に則っているし、メンバーの意見を尊重しているようで、一見、よい決め方をしているリーダーにも見える。

では、多数決で決めたそのＡプランが失敗したそのとき、いったいリーダーはなんと言うのだろうか。

「俺が押しつけたんじゃないぞ！　みんなが自分たちで決めたことじゃないか！　なんでこんなことになったんだ！」と、チームメンバーに責任の半分を押しつけるのではないのか。

実はこのセリフ、私の昔の上司が得意とするセリフだった。私はいつも心の中で**「それは、ずるい。あんたは、せこい」**と思っていた。

あなたは、そんなことは口に出さないだろう。しかし、多数決で決めたことだ。リーダーである自分が決めたわけではないから、精神的な負担は少なくて済む。

もちろん、リーダーである限り責任はあるのだが、「全責任はない」と主張することができる。何割かの責任は部下に背負わせているからだ。

結局、責任を背負うことが恐くて、結論を自分で出すことから逃げているのだ。

部下に対し責任を持たせて仕事をさせることは、たしかに重要なことだが、最終的な責任はリーダーが負うという潔さがなければ、「器の小さなリーダー」と陰口を叩かれても仕方がない。

部下は、リーダー自身が腹をくくって決める覚悟があるのかを見ている。

独断で決める度量だ。

チームの問題は山積している。リーダーの仕事は次から次へと、追いかけてくる。ぐずぐず考え込んでいる暇はないのだ。大事なのは、スピードである。

合議することは悪くない。ただ、意見が出尽くしたときこそ、いよいよリーダーの出番だ。

最後の最後は、リーダーが根拠を示した「熱い大演説」をぶちかましてほしい。

「みんながAがいいという理由はよくわかった。しかし、私はBでいこうと思う！なぜなら……」

99人が反対しても1人のリーダーが押し切って決める、そして何がなんでも成功させるのだ。

反発を恐れてはいけない。

リスクのある意思決定ができる覚悟に、リーダーシップは宿るのだ。

間違っても、単なるあまのじゃくな意見や、奇をてらった思いつきの選択であってはいけない。リーダーが集中してとことん考え抜き、食事を摂ることも忘れてしまうほど悩んだ末の結論であってほしい。

そしてその独断が部下の反発を生むか生まないかの境目は、リーダー自身がそれを「信じているか」にかかっている。

その結論を信じる力が「説得力」を生むのだ。

だから**まず部下を説得する前に、しっかりと「自分自身を説得」しておくこと**である。

「なるほど」と腑に落ちた瞬間、チームメンバーは目的に向かって動き出す。その推進力が、〝不可能と思えた独断〟でさえ、可能に変えてしまうこともあるのだ。

正しく信じる道を突き進み、独断、独断でどんどん決めてほしい。

戦い続けるために

多数決や合議制はやめて独断で決めろ。意思決定しないリーダーは無責任なだけ。

39
強い信念は、裏切り者を遠ざけ、協力者を引き寄せる

最強のチームをつくり上げるには、リーダーの協力者が必要不可欠だ。

しかし、頼もしい協力者がどれだけたくさんあなたをサポートしてくれたとしても、〝裏切り者〟をそばに置いておくと、組織は崩壊していく。

警戒が必要だ。

どこの組織にも壊し屋のように、リーダーの足を引っ張る裏切り者がいる。本来の仕事よりも、「チーム崩壊」を生きがいとして、〝その仕事〟に全精力を注いでいる。リーダーの掲げる新方針のあげ足を取り、業務のマイナス面だけを言い触らす。さらには、陰でリーダーの悪口を広めて、チームを弱体化させていくのだ。

チームメンバーのプライベートな情報までも、事実をねじまげゴシップを広めていく。まさに「歩くヤミ掲示板」だ。

人間関係を壊していくことに関しては、どんな努力も惜しまず、醜い裏切り行為に

人生を賭けていると言っても過言ではない。

リーダーもチームメンバーも、その巧妙な手口に騙されてしまう。

「リーダーはA君の悪口を言っていたよ」とA君本人に親切そうに囁き、「A君はリーダーの悪口を言ってましたよ」とリーダーへの忠義を尽くす。

辺り一面にトラブルの種を撒いて水をやり、愉快犯のようにチームを壊していく。

もっともらしいネタを脚色して悪意を振りまいていくのだから恐ろしい。そうしてジワジワと仲間のモチベーションを下げていくのだ。

その裏切り者は、頭も切れるし、従順な演技も天才的だ。〝その目的〟は歪んでいるが、ある意味では働き者であり努力家でもある。

そんなやり手の悪魔は、表向きの協力者を装っているため、リーダーといえども、その隠れた悪意の存在になかなか気づかない。

もっと言えば、悪魔本人でさえ、自分の悪意に気づいていない。思い込みの正義感を振りかざしているのだから、かなりやっかいな存在だ。

誠実なリーダーであるあなたは、「頑張っている部下を疑うなんて、そんなことはしたくない」、そう信じているのかもしれない。

寛大なリーダーであるあなたは、「そういう人をいちいち気にしていたら仕事にならない。放っておけばいい」そう容認しているのかもしれない。

しかし、残念ながら、裏切り者はあなたのすぐそばに潜んでいる。

たとえば、私の支社にいたA副所長の場合はこんな手口だ。

A副所長は営業所長を補佐するポジションだったにもかかわらず、「仲間へのフォロー」という大義名分の下、親切心を装い水面下で裏切り行為を続けていた。

営業成績が落ち込んで困っているB君には、営業先への同行販売を申し出ることで、大事な案件を巧妙に潰していった。

仕事に迷っているC君には、同業の知り合いを紹介して他社の人間に引き抜きを唆《そそのか》したり、求人誌を買ってきては次々と転職情報を伝えていった。

真面目なD君とはミーティングと称して何時間もお茶を飲みながらネガティブな噂話を吹き込み、モチベーションを落としていった。

イケメンのE君には、わざと性質《たち》の悪い女性を紹介し、こじれる問題を起こさせた。お金に困っているF君には、高額なお金を貸し、闇金並みの取り立てで追い詰めた。お酒好きなG君には、朝まで何軒もお酒を奢り、翌日の仕事を台無しにさせた。

A副所長は、チームを壊すためなら時間もお金も惜しまなかった。

同時に、会社への誹謗中傷、商品の批判、上司の悪口、仲間への陰口など、正義の味方を装い、着々と仲間をマインドコントロールしていった。

やがて、その営業所は崩壊寸前まで追い込まれたのだが、私はギリギリのところでA副所長を退職へ追い込んだ。

私はまるで「刑事」のようにチームメンバーに聞き込みをし、張り込みもした。A容疑者には徹底して取り調べも行った。そして、証拠を集め、事実だけを直視した。

私は支社長として彼と対決した。嘘の怪文書を流されたり、最後には脅しも受けたが、刺し違える覚悟で戦った。そして、私は勝った。裏切り者は出ていったのだ。

その途端に営業所の業績が右肩上がりに急上昇したことは言うまでもない。

裏切り者が自ら出ていく究極の悪魔祓いは、リーダーが「強くてブレない信念」を持つこと。裏切り者を追い出すには、正義で対抗するしかないのだ。

「隠れた悪意」を持った裏切り者は、弱い心が大好物だ。裏切り者は「人の不幸」を餌に生きている。だから、ネガティブな弱さに鼻が利く。

リーダーは決して部下に、怯《ひる》む姿を見せてはいけない。正義の名の下に、リーダーの意志を貫いてほしい。

リーダーのインティグリティ（高潔さ）が大切なのである。

あなたが正しい方向へ向かっていくほどに、裏切り者の正体が見えてくる。気づいてくる。

そうして裏切り者が見えてきたら、一気に対決だ。勇気を持って正対してほしい。相手の悪意から目をそらさずに。

裏切り者と同じ土俵に下りていってはいけない。謀略や罠はいらないのだ。決して汚い手口で対抗してはならない。それらは相手のほうが一枚も二枚も上手である。

正々堂々、インティグリティで勝負すれば、もう裏切り者の居場所はなくなる。

強くて清く正しい信念は、裏切り者を遠ざけ、協力者を引き寄せる。

チーム内に埋もれていた協力者に活発な行動を始めてもらうためには、リーダー自身が、まず「人」としての行動を変えることだ。

謙虚な姿勢でまずはオフィスに落ちているゴミを拾うことから始めてみよう。

部下を元気づけるように心を傾けて「おはよう」の挨拶を始めてみよう。
感謝の心を持って部下へ向かい「ありがとう」の言葉を投げかけてみよう。

些細なことから、誠意ある行動に生きるのである。
「邪悪なあなた」を捨て、心の中に「善のスペース」をつくることができれば、あなたを応援したいという協力者が次々と集まってくる。

あなたの方針をチームメンバーへ代弁してくれる部下が現れる。
あなたのチームの課題を積極的に解決しサポートしてくれる部下が現れる。
あなたの代わりに情報を集めてくれる部下が現れる。
あなたのチームは、「あなたの応援団」として機能し始めることになるのだ。

戦い続けるために

正義の名の下に、リーダーの意志を貫け。
怯《ひる》むリーダーに、本当の味方はついてきてくれない。

リーダーは変革の急先鋒であれ

40

時代はもの凄いスピードで変化している。昔の10年は、今の1年のスピード感覚で進化し続けていると思ったほうがいい。

今、時代の変化から取り残された組織が大苦戦している。平凡なリーダーが陥りやすい「現状維持依存症」だ。または「過去の栄光依存症」とも言う。

しかし、変革を拒否したリーダーに待っているのは安定ではない。正反対の試練や苦難であるということに気づいてほしい。

残念ながら、あなたはもう「古い」のだ。

極端にたとえるなら、着物を着て下駄を履き、馬やリヤカーに乗って働いているような、まるで時代錯誤な組織である。

江戸時代はもうとっくに終わったのだ。洋服を着て靴を履き、車や電車に乗って働いてもいいのである。

一日も早く、〝ちょんまげ〟を取ってほしい。

ハンバーガーだって、初めて目にしたらカルチャーショックを受けるかもしれないが、食べてみないことにはどんな味なのかわからない。

古い伝統にしがみつき、ずっと昔ながらのやり方を信じて、時代に取り残されているリーダーというのは、「鎖国政策」を取り続けた江戸幕府と同じなのだ。

その結果、もはや現場が見えない組織のリーダーと悪政に苦しむ部下たちとの信頼関係は崩壊寸前だ。

現場のチームメンバーは悲痛な叫び声を上げている。

私の周辺にも進化しきれない〝ちょんまげリーダー〟たちが、まだまだ生き残っている。私からアドバイスを送ることもあるのだが、ほとんどの場合、馬耳東風だ。

変化を止めたリーダーに共通していることは、トップであるリーダーの頭が古くて固いということはもちろんのこと、彼らが皆、「**エゴイスト**」**である**という点だ。

目先の評価や利益を捨て切れないのだ。それが変革への足かせになっている。

しかし、大事なものから捨てないと何も得られない。

執着を「捨てる」ことだ。

自己中心的な正当化を捨てる。過去の栄光を捨てる。つまらないプライドを捨てる。リーダーのポジションでさえ、捨てる覚悟が必要だ。

自分の傲慢さを反省したうえで謙虚になり、すべてのエゴを捨ててほしい。

私自身も、たびたびリーダーとしての「成功」を捨ててきた。誰もが羨むような地位や名誉やお金を、誰もが驚くようなタイミングで、バッサリ切り捨ててきた。

しかし、手に入れた成功を捨てれば捨てるほど、そのスペースにはもっと大きな成功が次から次へと入ってきた。それはもう、不思議なほどに。

「エゴを捨てる」こととは、「進化すること」とイコールなのだ。

変革にはエゴを捨てるという痛みと共に、抵抗勢力と「戦う」という痛みも伴う。

リーダー自らが痛みから逃げていたり、いつまでも悪しき慣例にしがみついていると、変革は前に進まない。

反発や障害を恐れてはいけない。

「何が本当に正しいのか」ということに真正面から向き合って行動し、しっかりとチームの未来にその目を向けてほしい。

「変革派1割、抵抗勢力9割」であったとしても、諦めてはいけない。抵抗勢力の中にも、虎視眈々と戦況を見つめる「8割の中間派」がいる。**彼らはいつも、リーダーであるあなたの〝戦う覚悟〟をジャッジしているのだ。**

あなたの正しくブレない行動次第では、一気に流れが変わり、中間派は抵抗勢力から変革派へと雪崩を打つことがある。

「変革派9割、抵抗勢力1割」という大逆転も起こりうるのだ。

私がチームを任されたときは、いつも抵抗勢力との戦いが変革への合図だった。すでに何度か触れてきたように、どん底支社だった名古屋支社長に就任したときも、暗く低迷していた品川支社を変革する支社長に抜擢されたときも、大手生保の巨大戦艦に単身乗り込んだときも、初めは様々な抵抗を受けた。

しかし、やがて大逆転が起きるときがやってくる。

成功と失敗の分かれ目は、リーダーがどんなときもファイティングポーズを取り続けているかどうかにかかっている。そのとき、拳は決して抵抗勢力に向けるのではなく、自分自身のエゴに向けられていなければならない。

正しい改革を実行していくために、「**どんな試練にも怯まずに立ち向かっていく**」**というファイティングポーズ**を取り続けることだ。自分自身の弱さとの戦いでもある。

リーダーがリングから降りて弱音を吐いていては大逆転など起こるはずもない。あなたの意志が本物なのかどうかということを、〝試されている〟と思ったほうがいい。

リーダーが「中間派のインテグリティ」を信じて、変革を実行し続けることができれば、道は開ける。

モーゼの十戒のように、目の前の大海原が突然真っ二つに割れ、まるでチームに魔力がかかったように変革は実現していくのだ。

リーダーは、いかなるときでも変革の急先鋒であってほしい。

チームメンバーは常にリーダーの背中を見ている。

変革の第一歩を踏み出すのは、まずリーダー自身からだ。

戦い続けるために

悪しき風習や目先の評価は捨てろ。
戦い続ける覚悟と共に、チームの未来にその目を向けろ。

【著者紹介】

早川 勝（はやかわ・まさる）

◉――1962年神奈川県生まれ。1989年、世界有数のフィナンシャルグループを母体とする外資系生保に入社。営業最前線において圧倒的な成果を挙げ、数々のタイトルを獲得。1995年に、池袋支社営業所長に就任。最大かつ高い生産性を誇るコンサルティングセールス集団を創り上げ、No.1マネジャーの称号を得る。1999年に名古屋支社長に就任。どん底支社を再生させ、100名中35名のＭＤＲＴ（Million Dollar Round Tableの略、世界79の国と地域でトップ６％が資格を有する卓越した生保のプロによる世界的な組織）会員を擁する組織を構築。主要項目「10冠王」を獲得し、「連続日本一」となる。2005年に品川支社長に就任。それまで業績不振だった組織の改革をミッションとし、独自のリクルーティング・メソッドにより、組織拡大・発展に大きく貢献する。

◉――2008年、大手生保より「伝説のカリスマ支社長」として、過去に例のない破格の待遇でヘッドハンティングされる。ゼロから新チャネル・コンサルティング営業部門の立ち上げに着手し、生産性・規模ともにNo.1の組織を創り上げる。その一方で、豊富なキャリアの中で培った能力開発に関する執筆活動や講演活動などを行い、これまで延べ3000人以上のトップセールスマンを指導・育成し、数多くのＭＤＲＴ会員を育ててきた。

◉――2013年、大手生保とプロ契約を結び、本社・統括部長として、歴史的大改革プロジェクトの指揮を執る。

◉――著書に、『死ぬ気で働いたあとの世界を君は見たくないか!?』（小社刊）、『どん底営業チームを全国トップに変えた魔法のひと言』（日本能率協会マネジメントセンター）、『「捨てる」成功法則』『すごい！「直観力」』（いずれも総合法令出版）がある。

著者Webサイト　http://tsuitel.in

死《し》ぬ気《き》で働《はたら》くリーダーにだけ人《ひと》はついてくる　〈検印廃止〉

2014年２月17日　第１刷発行
2014年11月10日　第４刷発行

著　者――早川　勝©
発行者――齊藤　龍男
発行所――株式会社かんき出版
東京都千代田区麹町4-1-4 西脇ビル　〒102-0083
電話　営業部：03(3262)8011㈹　編集部：03(3262)8012㈹
FAX　03(3234)4421　振替　00100-2-62304
http://www.kanki-pub.co.jp/

印刷所――ベクトル印刷株式会社

ISBN978-4-7612-6979-1 C0030